AF569678

ZIMMER-PFLANZEN-LIEBE

KOSMOS

INHALT

GANZ GROSSE PFLANZENLIEBE

Als Zehnjährige stand ich in der Pflanzenabteilung eines großen schwedischen Möbelkaufhauses und entdeckte ein kleines Gewächshaus mit Kakteen. Ich war so entzückt von der Idee, die kleinen grünen Gewächse auf meiner Fensterbank im Kinderzimmer großzuziehen, dass ich meine Eltern überredete, sie mir zu kaufen. Mal mehr, mal weniger erfolgreich, zogen ab diesem Zeitpunkt verschiedene Zimmerpflanzen ein und auch aus. Wuchsen, gediehen, gingen mal ein oder taten auch einfach nichts, bis ich herausfand, was ihnen fehlte. Völlig egal wie sie sich verhielten, um mich war es geschehen! Orchideen, Monstera, die Pflanzen aus den Fotoalben meiner Eltern und Großeltern. Ich wollte sie alle! Und so begann mein grünes Hobby.

Und obwohl ich mich beruflich für den Weg als Landschaftsgärtnerin entschieden habe, brennt mein Herz für meine tropischen Mitbewohner. Sie sind eben speziell, weil sie nicht einfach im Garten wachsen! Zudem so facettenreich und spektakulär on top. Und manchmal eine echte Herausforderung. Mit den Jahren im sogenannten Plantgame, kam auch die Erfahrung. Welche Pflanzen gab es noch da draußen? Was musste ich tun, damit sie genau so aussehen, wie auf den Fotos, die ich so bewunderte? Gab es noch mehr Menschen, die so vernarrt in Blätter waren, wie ich?

So entstand mein Instagram-Kanal „tonidendron". Ich wollte mich austauschen und mitteilen. Lernen und entdecken. Nie hätte ich gedacht, dass ich einmal auf der anderen Seite sitzen würde, Tipps gebe, mich Menschen um Rat bitten. Umso dankbarer bin ich dafür, mein Wissen und meine Erfahrung teilen zu dürfen und anderen dieses ganz besondere Hobby näherzubringen. „Toni, du hast mich so inspiriert, ich habe nun meine erste Pflanze gekauft!" Kein Satz könnte mich glücklicher machen! Und eins sei an dieser Stelle vorweggenommen: den grünen Daumen, von dem immer alle reden, den hat man nicht – den lernt man. Und dabei helfe ich mit Vergnügen.

BASICS

WAS PFLANZEN BRAUCHEN

Der erste Schritt, um eine Zimmerpflanze gedeihen zu lassen, ist, zu verstehen, wie sie eigentlich in der Natur wächst. Je mehr man diesen Zustand imitiert, desto schöner wird die Pflanze auch zu Hause wachsen. Glaub mir, das zu verstehen, ist ein Gamechanger für deine Pflege!

STANDORT

Sonnig, schattig oder irgendwo dazwischen? Die Lichtverhältnisse sind das erste Kriterium, wenn du herausfinden willst, wo deine Pflanze optimalerweise stehen sollte. Welche Ausrichtung haben deine Fenster? Pflanzen, die es gerne warm und sonnig mögen, sind im Südfenster mit direktem Licht am besten aufgehoben. Pflanzen, die normalerweise im Schatten von großen Bäumen gedeihen, wohnen gerne im Westen oder gar Norden.

Helles, indirektes Licht, ein Begriff den man nicht selten liest, beschreibt eine helle Umgebung, in der die Pflanze aber nicht direkt von Sonnenstrahlen getroffen wird. Diesen Zustand erreicht man am besten durch einen hellen Vorhang vor dem Fenster, oder wenn man die Pflanze einfach ein paar Meter entfernt platziert. Für jede Option gibt es eine Lösung, und das Einfachste ist, sich am natürlichen Standort zu orientieren. Das wird deine Pflege erleichtern und dein grüner Mitbewohner wird es dir danken.

WUCHSVERHALTEN

Wie wächst meine Pflanze eigentlich? Das Wuchsverhalten von Pflanzen könnte unterschiedlicher nicht sein! Die einen kriechen gerne im Schatten von Bäumen und Sträuchern auf feuchtem Boden, andere suchen Halt an Wänden oder Baumstämmen, um weit hinauf zu wachsen und zeigen auch erst dadurch ihre adulte Form. Andere wiederum wollen epiphytisch, also als Aufsitzerpflanze, auf einem Ast beispielsweise wachsen, und brauchen keinen Kontakt zum Boden. Auch an diesen Vorlieben solltest du dich orientieren.

1 Für mehr Licht halten sich Philodendron und Monstera mit ihren Luftwurzeln an Bäumen fest.

2 Geweihfarne sind Epiphyten, man kann sie einfach auf Holz binden.

1

2

Übrigens
Pflanzen besprühen, wie es oft geraten wird, macht leider wenig Sinn. Du erhöhst die Luftfeuchte nur für ein paar Minuten und viele Pflanzen mögen kalkige Tropfen auf ihren Blättern gar nicht.

Glaskuppeln aus der Dekoabteilung sind perfekt für hohe Luftfeuchtigkeit.

LUFTFEUCHTIGKEIT

Viele unserer geliebten Zimmerpflanzen haben ihr Zuhause in den Tropen. Dort herrscht durch anhaltende nächtliche Regengüsse oder den Monsun eine hohe, relative Luftfeuchtigkeit. Obwohl viele Pflanzen weniger tolerieren, gibt es durchaus Arten, die nur in solch einer Feuchte gedeihen und sich schnell mit knusprigen Blatträndern beschweren, sollte es ihnen zu trocken sein. Sie wären bei dir im Badezimmer gut aufgehoben!

Weißt du nicht, wie hoch die Luftfeuchtigkeit bei dir ist, dann lohnt sich die Anschaffung eines Hygrometers. Es zeigt dir genau, wie die Gegebenheiten bei dir zu Hause sind und du kannst entsprechend entscheiden, wo deine Pflanze untergebracht werden soll.

Das heißt natürlich nicht, dass du Pflanzen, die eine hohe Luftfeuchtigkeit brauchen, nur im Badezimmer aufstellen kannst! Mit ein paar Tricks, die ich dir auf der nächsten Seite verrate, kannst du das Raumklima anpassen, ohne deine Wohnung einzunebeln, wie im Regenwald!

Vom Regenwald nun aber ab in die Wüste: Wüstenbewohner wollen es trocken! Sukkulenten zum Beispiel, verzeihen eine hohe Luftfeuchtigkeit kaum. Gammel und Pilze sind meistens die Folge. Suche für sie also einen Standort mit einer niedrigen Luftfeuchtigkeit – ein Platz nahe der Heizung, den Bewohner aus den Tropen selten verzeihen, macht ihnen nichts aus. Im Gegenteil!

STANDORT, WUCHSVERHALTEN, LUFTFEUCHTIGKEIT

Wenn du diese drei Dinge beherzigst, ist die erste Hürde schon mal geschafft und deine Pflanze sollte sich wohlfühlen. Das Feintuning in der Pflege kommt dann im nächsten Schritt.

Für den Anfang gar nicht so schwer, finde ich. Und sind wir mal ehrlich, Recherche zum neuen grünen Liebling macht eigentlich richtig Spaß, oder?

4 MÖGLICHKEITEN, UM DIE LUFTFEUCHTIGKEIT ZU ERHÖHEN

Kieselsteine und Wasser auf einem Teller unter deiner Pflanze sind eine supergute und noch dazu günstige Möglicheit, um die Luftfeuchtigkeit zu erhöhen. Es gibt im Gartencenter viele verschiedene Varianten und Farben, aus denen du wählen kannst.

Luftbefeuchter führen das next level an. Es gibt sie in verschiedenen Preiskategorien, Größen und Formen, für jeden Geschmack und Geldbeutel.

Flaschengärten und Glaskuppeln sehen hübsch aus und ermöglichen dir eine Kultivierung an eher ungeeigneten Plätzen. Bei mir an der Südseite der Fall. Da stehen einzelne tropische Pflanzen in der Kakteenlandschaft. Willkommene Abwechslung!

Gruppenparty. Stellst du mehrere Pflanzen dicht nebeneinander, erhöht sich die Luftfeuchtigkeit automatisch. Perfekt dafür eignen sich Regale, in denen du deine Lieblinge auf einem Haufen drapierst. Sieht obendrein noch supertoll aus.

AUGEN AUF BEIM PFLANZENKAUF

„Woher hast du die denn?“ Fündig zu werden, auf der Suche nach einer bestimmten Pflanze, erfordert manchmal einen langen Atem und auch ein bisschen Glück. Wenn man allerdings weiß, wo man suchen muss, ist der Weg zur Traumpflanze gar nicht sooo weit.

GÄRTNEREIEN & GARTENCENTER

Die einfachste Lösung! Gartencenter haben mittlerweile eine riesige Auswahl und bieten teilweise echte Raritäten an. Zudem ist der große Vorteil, dass du deine Pflanze selber in der Hand hältst und aussuchst. Dabei kannst du direkt nach Schädlingen schauen, nach den Wurzeln, nach abgebrochenen Trieben oder dergleichen. Und zu allem Überfluss dir einfach das schönste Exemplar heraussuchen und deinen grünen Schatz direkt mit nach Hause nehmen. Übrigens findet man manchmal gerade hier zufällig panaschierte Pflanzen für den „normalen“ Preis. Vielleicht machst du einen Glücksgriff!

ONLINESHOPS

Nicht jede besondere Pflanze findet man beim Gärtner um die Ecke. Ich habe den Großteil meiner Pflanzen über Jahre gesammelt, häufig Stunden mit der Recherche verbracht und mir Nächte um die Ohren geschlagen. Mittlerweile gibt es in Europa aber Onlineshops, die eine unfassbare Auswahl haben, wenn es etwas Besonderes sein soll. Der Versand von Pflanzen ist heute gang und gäbe, und die meisten Onlinehändler glänzen mit nachhaltigen und kompostierbaren Verpackungsmaterialien. Für mich definitiv immer ein Pro, bei der Entscheidung, wo ich bestellen soll!

SECONDHAND UND SOCIAL MEDIA

Der nachhaltigste Weg ist, Stecklinge von anderen Pflanzensammlern zu kaufen. Das kann man prima auf den großen Secondhand- und Versteigerungsplattformen, in Social-Media-Gruppen oder bei Messengern. Du weißt, woher die Pflanze kommt, oftmals liegt der Preis unter dem Marktpreis, und nicht selten lernst du dadurch andere Planties kennen! Viele Sammler lieben ihre Pflanzen genauso, wie du es tust – du kannst dir also sicher sein, dass sie aus gutem Hause kommen und nicht mit Schädlingsmitteln oder gar Hormonen vollgepumpt wurden. Vielleicht ergibt sich auch ein Tausch!? Das schont den Geldbeutel und macht zwei Menschen glücklich. Klassische Win-win-Situation!

Gerne adoptiere ich übrigens Pflanzen von Freunden und Bekannten. Dadurch bekommt jeder Steckling eine eigene Geschichte. Und glaubt mir, in die Wohnung einer Freundin oder eines Freundes zu kommen und zu hören „das ist die Mama von deiner Pflanze“, ist einfach cool!

1 Beim Pflanzenkauf jeden Winkel checken: Stamm, Blattunterseiten, Substrat

2 Bei Blütenpflanzen das Exemplar mit den wenigsten geöffneten Blüten wählen. So hat man länger was vom Spektakel.

DIE PFLANZE IM SACK

Unbrauchbare Wurzeln oder mit Krankheiten oder Schädlingen befallene Pflanzen können dir den Kauf vermiesen. Daher lohnt es sich auch, bei guten Angeboten genau hinzusehen. Mit Empfehlungen von anderen Pflanzensammlern fährt man meistens sicher und gut. Zudem ist der Austausch mit Pflanzenfreunden zu bestimmten Angeboten sinnvoll. Ist der Preis zu schön, um wahr zu sein? Finger weg, denn das kann in die Hose gehen! Auch ich bin schon dem ein oder anderen Scammer auf den Leim gegangen. Das war zwar ärgerlich – aber lehrreich.

NACHHALTIGKEIT UND WILDEREI

Beschäftigt man sich näher mit dem Thema Pflanzen, kommt man nicht drumherum, sich auch zu fragen, wo die Pflanzen, die man kauft, eigentlich herkommen. Mit steigender Popularität des Hobbys, steigt leider auch die Kriminalität. Nicht selten hört man von botanischen Gärten, die fehlende Pflanzen melden. Teilweise wurden deshalb ganze Gewächshäuser für die Öffentlichkeit geschlossen. Gefolgt vom Artensterben in Südamerika, weil Pflanzen aus der Natur genommen werden, um sie teuer nach Europa zu verkaufen. Die Liste ist lang! Auch in Deutschland ist das übrigens keine Seltenheit. Natürlich: all unsere Zimmerpflanzen wurden ursprünglich aus der Natur genommen – machen wir uns nichts vor! Dennoch sollte man immer die Augen offen halten, wenn man seltene Exemplare online kauft, oder gar importiert. Das sogenannte Plantpoaching, das Stehlen bestimmter Arten aus der Wildnis, zerstört nicht nur Ökosysteme, sondern führt im schlimmsten Fall zur Ausrottung einer Art, und nicht zuletzt ist es eine Straftat.

WAS IST EIGENTLICH PANASCHIERUNG?

Ihr seht ein Foto von einer Pflanze, die ihr zu Hause habt, aber statt der grünen Blätter, wie ihr sie kennt, seht ihr Sprenkel, eine Marmorierung oder bunte Flecken. Weiß, gelb, pink …

Man spricht dann von Panaschierung oder Variegation. Als ich 2016 das erste Mal eine weiß-panaschierte Monstera sah, war ich völlig aus dem Häuschen! Damals eine absolute Rarität, schwer zu bekommen und noch schwerer zu bezahlen, ist sie heute nahezu Standard. Früher wurden Pflanzen mit solch optischen Auffälligkeiten aussortiert, weil sie eben nicht grün waren und keiner sie haben wollte, heute ist das Gegenteil der Fall.

Pflanzen mit Panaschierung sind im Gartenbau und unter Sammlern schon lange bekannt. Dabei unterscheidet man zwischen stabiler und instabiler Panaschierung. Während eine stabile Panaschierung bei jedem Blatt nahezu identisch auftritt, und sogar ein Merkmal einer bestimmten Sorte sein kann, ist die instabile Version eine Wundertüte. Jedes Blatt kann vollkommen anders aussehen und die Pflanze kann ihre Panaschierung auch verlieren. Das nennt man Vergrünen oder Reverting.

Variegation kann unterschiedliche Ursachen haben. Meistens wird sie, ausgehend von einer Mutation, durch fehlendes Chlorophyll verursacht. Der grüne Farbstoff wird in vielen Fällen zwar gebildet, bleicht aber aus. Je nachdem, wie viele Zellschichten betroffen sind, zeigt sich eine starke oder weniger starke farbliche Veränderung. Auch kann Luft in unteren Zellschichten oder ein Virus eine Panaschierung hervorrufen. Häufig ist es aber eben einfach eine Laune der Natur.

Spontane Panaschierung an einer eigentlich einfarbigen Pflanze nennt man übrigens Sport.

Ich persönlich jedenfalls liebe Pflanzen mit Panaschierung und sammle eben diese mit Vorliebe. Nicht nur, weil ich sie todschick finde, sondern vor allem, weil der „Defekt“ sie absolut einzigartig macht und jedes Blatt eine Überraschung ist.

HARDWARE: DEINE 3 WICHTIGSTEN HELFER

Mit der Pflanze allein ist es nicht immer getan. Du brauchst einen schicken Übertopf, vielleicht willst du ja auch vermehren? Ein, zwei Plant-Utilities machen das Pflanzeneltern-Leben einfacher und auch angenehmer.

1

PFLANZTÖPFE UND ÜBERTÖPFE

Was ich schon früh gelernt habe: Doppelt hält besser! Was ich damit meine ist, dass ihr eure grünen Lieblinge nicht direkt in den Übertopf pflanzen solltet, sondern separat in einen Pflanztopf, den ihr dann in den Übertopf stellt. Sagt ja auch schon der Name – über dem Topf! Vorteil dabei ist, dass ihr erstens das Wurzelwachstum kontrollieren könnt – in einem klaren Pflanztopf geht das übrigens besonders gut, deswegen ist das meine erste Wahl, always! Zweitens gestaltet sich das Umtopfen wesentlich einfacher, da Pflanztöpfe sich zusammendrücken lassen und nicht annähernd so schwer sind wie ein Keramiktopf. Last but not least, der wichtigste Grund: Ihr könnt eure Pflanze vor dem Ertrinken retten, falls euch mal die Gießkanne ausgerutscht ist. Pflanztopf rausnehmen, Wasser abgießen, Problem gelöst.

Die Übertöpfe betreffend, muss natürlich jeder selbst herausfinden, was am besten funktioniert und gefällt. Ich greife gerne zu Secondhand-Töpfen vom Flohmarkt oder zu Töpfen aus recyceltem Plastik. Vorzugsweise sind Letztere super für Ampeln oder sehr große Pflanzen, wenn man Gewicht einsparen will. Vorsicht bei Metall! Dieses kann oxidieren und den Wurzeln schaden.

Deswegen benutze ich Metalltöpfe oder alte Dosen immer nur mit einem extra Pflanztopf als Schutz.

SCHERE UND SKALPELL

Schnipp. Schnapp. Köpfchen ab. Vielleicht kannst du es dir noch nicht vorstellen, aber irgendwann kommt der Punkt, wo du die Schere oder das Messer anlegen wirst, weil deine Pflanze dir über den Kopf wächst. Ich bin ein Fan von japanischen Scheren und komme mit diesen am besten zurecht. Letztendlich kann ich dir aber nur ans Herz legen, verschiedene Scheren auszuprobieren. Das ist ein bisschen wie mit Schuhen, jeder hat eine andere Hand und greift anders, und hat man einmal DIE Schere gefunden, fühlen sich andere eben an, als würde es drücken. Ein richtig scharfes Messer oder Skalpell solltest du dir zusätzlich besorgen. Gerade Pflanzen mit kurzen Internodien (der Abstand zwischen zwei Blattknoten) machen es Scheren schwer, sauber und ohne Blattverletzungen zu schneiden. Hier bist du mit einer scharfen Klinge besser unterwegs und schwitzt auch nicht noch mehr, als wahrscheinlich sowieso schon, weil das manchmal eine heikle Angelegenheit ist.

1 Stecklingschere, japanische Bypassschere für dickere Stämme und Skalpell für enge Kisten: Schnittwerkzeuge für alle Plantparent-Lebenslagen

2 Ballbrausen sind prima zum Bewässern von Terrarien und alten Apothekerflaschen, dein bester Freund für die schnelle Bewurzelung.

RANKHILFEN

Viele Zimmerpflanzen sind Ranker oder Selbstklimmer und brauchen dementsprechend eine Rankhilfe – und zwar die passende! Hierfür ist es wichtig zu wissen, was für ein Kletterer deine Pflanze ist. Dann kannst du dich für Moos- oder Kokosrankstab, Bambus- oder Metallrankhilfe entscheiden. Oder du bastelst einfach etwas, wie auf Seite 18, selber – der Kreativität sind keine Grenzen gesetzt.

Diverse Farben & Stärken von Makramee-Garn

Jute eignet sich optimal für Rankstäbe

Knotenmuster peppen Ampeln auf

Wurzelkletterer lieben Holz als Rankhilfe

RANKHILFEN – AUS DER NOT EINE TUGEND BASTELN

Gerade keine passende Ampel zur Hand oder schon wieder zu wenig Rankstäbe gekauft? Mich haben genau diese Situationen erfinderisch gemacht. Selbst gemachte Makramee-Hänger und Jute-Rankstäbe sind nicht nur günstiger, sondern auch frei in jeglicher Form und Größe bastelbar.

MATERIAL

Ich habe für solche Momente immer etwas Garn, Kokosstrick und ein paar Stäbe oder Rohre aus dem Baumarkt herumliegen. So kann ich für jede spezielle Anforderung etwas Passendes bauen. Das macht nicht nur Spaß, sondern schont auf Dauer auch das Portemonnaie – gerade bei vielen Pflanzen ein Aspekt, den man nicht aus dem Auge verlieren sollte.

RANKHILFEN

Für Rankstäbe benutze ich am liebsten Jutegarn und Kokosstrick und im besten Falle einen Stab, der unanfällig für Feuchtigkeit ist. Rankhilfen für windende Kletterer bastele ich gerne aus buntem Draht. Den findest du mittlerweile in diversen Stärken und Farben in jedem Bastelbedarf, und er lässt sich frei formen, wie es passt, oder eben nötig ist. So kannst du schöne Rankhilfen erschaffen und obendrein gibt der persönliche Touch deiner Pflanze einen besonderen Look.

AMPELN

Boho-Chic holst du dir mit Makramee-Ampeln in dein Fenster. Die Anleitungen reichen von super aufwendig bis hin zu sechs Knoten, wenn's mal schnell gehen muss.

Ich mag am liebsten einen Mix aus allem und favorisiere, je nach Pflanze, unterschiedliche Techniken. Auch hier kannst du aus unzähligen Stärken und Farben wählen – ich empfehle dir aber auf jeden Fall zu speziellem Makramee-Garn zu greifen. Das hält definitiv das Gewicht deiner Pflanze und du läufst nicht Gefahr, dass dein Kunstwerk irgendwann herunterkracht, weil der Faden reißt.

Ein paar konkrete Anleitungen findest du übrigens nicht nur auf meinem Instagram-Kanal, sondern nahezu in jeder Ecke des World Wide Webs. Es gibt wunderschöne Knotentechniken! Und da es mittlerweile unzählige Garnfarben gibt, kannst du das Design deinem Zuhause ganz individuell anpassen.

Tipp

Totholz, Balsaholz oder simple alte Bretter lassen sich für bestimmte Kletterpflanzen, wie Philodendron und *Epipremnum*, übrigens auch ganz wunderbar zweckentfremden. Zusätzlich lieben viele Pflanzen es, an Holz zu wachsen, weil es ihrer Natur am nächsten kommt. Einziger Nachteil: Das Lösen vom Rankholz fordert meist ein paar Luftwurzelopfer.

NOMENKLATUR

Nicht nur weil ich gelernte Gärtnerin bin, lege ich Wert auf die richtige Benennung und Schreibweise von Pflanzennamen. Das ist manchmal aber gar nicht so einfach! Bei den vielen neuen Sorten und Varianten, die mittlerweile tagtäglich aus dem Boden sprießen, finde ich mich selbst kaum noch zurecht, und oftmals lässt sich nicht recherchieren, was offiziell richtig oder gar eingetragen ist.

KLARHEIT DURCH BOTANISCHE NAMEN

Trotzdem: nur wenn man den offiziellen, botanischen Namen verwendet, kann man sich auch sicher sein, über dieselbe Pflanze zu sprechen. Oftmals sind deutsche Bezeichnungen doppelt vergeben und regionalbasiert, zudem gibt es für viele Pflanzen nicht mal einen Namen aus dem Volksmund.

Wir benutzen für die wissenschaftliche Bezeichnung von Pflanzen übrigens die sogenannte binäre Nomenklatur von Linné (deren Begründer; ein schwedischer Naturforscher) beziehungsweise den internationalen Code (ICNCP), der daraus entstanden ist.

GATTUNG UND ART

Die Bezeichnung des botanischen Pflanzennamens besteht immer aus zwei Worten: dem Gattungsnamen, dessen Anfangsbuchstabe großgeschrieben wird und dem Artnamen (Epitheton), dessen Anfangsbuchstabe kleingeschrieben wird. Bi heißt zwei! Aha!

So ziemlich alle Namen entstammen der griechischen oder lateinischen Sprache, oder werden latinisiert. Oft wird der Artname von einem besonderen Merkmal, dem Entdeckungsort oder einem Personennamen, abgeleitet. Gattungs- und Artname werden immer *kursiv* geschrieben!

X

Das x in gerader Schreibweise zwischen Gattungs- und Artname besagt, dass es sich nicht um die reine Art, sondern um eine Kreuzung (Hybrid) von zwei Arten handelt.

ZUSÄTZE

Hinter Gattung und Art gibt es des Öfteren Zusätze für die Rangordnungen unterhalb der Art. Das wäre zum Beispiel die Unterart - „subsp.“, eine Forma - „f.“ oder eine Varietät „var.“. Diese werden nicht kursiv geschrieben. Beispiel: *Monstera deliciosa* var. *borsigiana.*

SORTEN

Während die botanische Bezeichnung festgelegt ist, bieten Sortennamen Spielraum und werden von Züchtern bestimmt. Diese beschreiben dann eine Auslese, die sich durch Merkmale kennzeichnet, welche sich stabil verhalten. Der Sortenname wird dem Namen dann nochmals angehangen und nicht kursiv geschrieben, aber dafür in einfache, obere Anführungszeichen gesetzt und fängt immer mit einem großen Buchstaben an.

Ein Bespiel dafür wäre: *Monstera deliciosa* 'Thai Constellation'. Sortennamen können sowohl eingetragen, als auch patentiert werden. Damit impliziert sich aber auch schon, dass es viele Sorten gibt, die offiziell eben gar keine sind. Gerade bei Zimmerpflanzen ist das sehr, sehr häufig der Fall!

OFFIZIELLE PFLANZENNAMEN NACHSCHLAGEN

Möchtest du den Namen deiner Pflanze nachschauen, oder fragst du dich, ob es sich um eine akzeptierte Art handelt, dann brauchst du dafür nur auf die Internetseite des International Plant Names Index gehen. Hier findest du auch Fotos, Synonyme und weitere Infos. Ich persönlich kann da richtig versacken – kleine Vorwarnung!

#SOILMATTERS AB AUF DEN BODEN DER TATSACHEN

Pflanzen brauchen Nährstoffe und Wasser. Und größtenteils nehmen sie diese mit den Wurzeln auf. Du kommst als Plantparent also nicht umhin, dich mit dem Thema Boden und Durst auseinanderzusetzen. Damit steht und fällt das Wohlergehen und Wachstum.

WASSER MARSCH!

Ich werde häufig gefragt, wie oft ich gieße. Ich persönlich finde einen Gießrhythmus von 7–10 Tagen angenehm und vor allem machbar, denn Gießen kostet bei einer großen Menge an Pflanzen Zeit. Kürzere Abstände könnte ich persönlich kaum realisieren. Deswegen enthält mein Substrat auch wasserspeichernde Medien und ist insgesamt ein bisschen „fetter".

Am besten gießt du weniger häufig, aber dafür durchdringend. Mach die Erde also richtig nass und schütte das überschüssige Wasser, was sich ihm Übertopf sammelt, nach einer halben Stunde weg oder benutze es erneut, sofern du dir sicher bist, keine Schädlinge zu haben.

Wenn du unter Zeitdruck bist, kann das Gießen von unten auch eine super Alternative sein. Lass etwas Wasser in eine Schüssel laufen und stelle nach und nach alle Pflanzen hinein. So saugen sie sich voll und du kannst währenddessen andere Dinge erledigen. Timemanagement ist manchmal alles bei der Plantcare-Routine!

Tipp

Einen strikten Wasserplan habe ich nicht! Ich mache wirklich immer die Fingerprobe, um zu sehen, ob es wieder an der Zeit ist. Heißt: Finger 2–4 cm in die Erde stecken (je nach Topfgröße) und fühlen, ob das Substrat noch feucht ist. Wenn nicht, dann wird gegossen.

PFLANZENFUTTER

Dünger ist, neben Wasser, Lebenselixier! Ohne regelmäßige Düngergaben, kann deine Pflanze nicht richtig wachsen. Düngemittel gibt es in den verschiedensten Formen. Auch da solltest du einfach experimentieren und schauen, mit welchen du am besten zurechtkommst. Ich dünge mit flüssigen Produkten und wechsle immer mal wieder auch, weil ständig neue Produkte auf den Markt kommen, die es auszuprobieren gilt. Wichtig ist zu wissen, dass zwischen organischem und mineralischem Dünger unterschieden wird. In Kombination mit deinem Substrat der Wahl, muss der Dünger nämlich funktionieren. Hast du einen organischen Dünger, braucht dieser Mikroorganismen, um pflan-

Umtopfparty! Ich topfe immer mehrere Pflanzen um, damit sich Chaos und Dreck lohnen.

zenverfügbar gemacht zu werden. Er würde in mineralischem Substrat also gar nicht funktionieren. Genauso anders herum. Es gibt aber auch Kombi-Präparate! Schau also genau hin, wenn du dich durch den Dünger-Dschungel kämpfst. Grundsätzlich solltest du düngen, solange deine Pflanzen wachsen. Ich dünge viele Pflanzen auch im Winter, obwohl dann eigentlich keine Vegetationsphase ist, weil meine Pflanzen, auch durch Terrarium und künstliches Licht, weiterhin wachsen und Nährstoffe brauchen. Ich reduziere lediglich die Menge, denn ein bisschen Ruhe sollen sie ja auch mal haben.

Tonis Erdmix

- 3 Teile torffreie Bio-Grünpflanzenerde
- 2 Teile Pinienrinde
- 2 Teile Kokoschips
- 1 Teil Perlit, Bims oder Vermiculit
- 1/2 Teil Wurmhumus
- Eine Prise Aktivkohle, um das Ganze abzurunden.

REPOT WITH ME!

Dass deine Pflanze umgetopft werden muss, erkennst du an folgenden Dingen:
1 sie wächst nicht mehr richtig oder die Blätter werden kleiner,
2 sie trocknet schneller aus,
3 die Wurzeln schauen schon unten aus dem Topf,
4 Wurzelballen und Pflanztopf trennen sich langsam voneinander, sodass am Rand ein Spalt entsteht. Das nennt man Rootbound.

Im besten Falle hast du deine Pflanze vor den ersten Anzeichen umgetopft. Solltest du es aber einfach mal nicht geschafft haben, ist das kein Beinbruch.

Drehwuchs

Dieser sollte bei Wurzeln immer unterbrochen werden. Lockerst du die Wurzeln nicht, kann es sein, dass sie gedreht weiterwachsen und die neue Erde gar nicht richtig durchwurzeln. Die Pflanze bekommt dann weder Halt

Vorratsmischung: so hast du immer Substrat zur Hand

Fluffig aber formbar – die perfekte Konsistenz

noch kann sie die Nährstoffe der neuen Erde richtig aufnehmen. Gib den Wurzeln einfach eine kleine Massage und löse sie mit deinen Fingern vorsichtig voneinander. Wenn du dabei ein paar Wurzeln verletzt oder gar abreißt, ist das nicht weiter schlimm. Verletzung verursacht immer neues Wachstum und es geht der Pflanze damit besser, als wenn du sie einfach so in den neuen Topf steckst.

Neuer Topf

Er sollte immer minimal größer sein als der alte. Ein zu großer Topf kann zu Überwässerung führen. Ich nehme meistens einen Topf, der ungefähr 2–4 cm größer ist.

Drainage

Neigst du zum Überwässern, ist es sinnvoll, eine Drainageschicht einzubauen. Dazu füllst du einfach eine dünne Schicht drainierendes Material in den Boden des Topfes. Ich nehme immer das, was ich gerade zur Hand habe: Perlit, Blähton oder Bims.

Gib dann soviel Substrat in den Topf, dass die Pflanze genauso tief sitzt wie vorher, du aber trotzdem noch einen kleinen Rand oben hast, um gut gießen zu können, ohne dass der Topf überläuft (Ausnahmen bestätigen die Regel: Ein Tiefersetzen für additives Wurzelwachstum macht bei Alocasien oder Anthurien gelegentlich Sinn. Dazu aber später mehr).

Pflanze platzieren

Richte die Pflanze im Topf mittig aus und verfülle die Seiten. Immer wieder gut andrücken nicht vergessen! Hast du den Topf komplett aufgefüllt, klopfe ihn mit der Pflanze ein paar Mal auf den Untergrund, damit sich auch die letzten Luftlöcher schließen.

Angießen

Nun kommt der wichtigste Schritt: das Angießen. Das ist das A und O beim Pflanzen oder Umtopfen. Damit stellst du Bodenschluss her, das heißt, alle Wurzeln bekommen Kontakt zum Substrat. Sollten dann noch Lö-

Repot-Time! Denn freie Wurzeln im Übertopf trocknen leicht aus.

Bodenschluss mit Wasser ist das A und O

cher entstehen, fülle etwas Substrat nach und gieße erneut an. Auch hier gibt es natürlich eine Ausnahme: Sukkulenten bekommt es besser, wenn du nach dem Topfen erstmal ein paar Tage wartest, bevor du mit der Kanne anrückst.

SUBSTRATE

Ich halte einen Teil meiner Pflanzen in organischem Substrat und einen Teil in mineralischem. Das hat den einfachen Grund, dass ich über die Jahre herausgefunden habe, wem was besser gefällt.

Mineralisches Substrat eignet sich super für selbstbewässernde Systeme und auch für Pflanzen, die schweres Laub haben, aber nur einen kleinen Wurzelballen, wie zum Beispiel Hoyas. Sie stehen im schweren Mineral einfach besser und fallen nicht so schnell um – es hat also einen praktischen Grund. Ansonsten wähle ich mein Substrat nach dem natürlichen Standort der Pflanze. Deshalb benutze ich für einen Großteil meiner Pflanzen organisches Substrat, sprich Erde. Als ich allerdings anfing richtig zu sammeln, kam ich schnell an den Punkt, an dem mir herkömmliche Erde aus dem Baumarkt nicht mehr gefiel – und meinen Pflanzen auch nicht. Ich beschäftigte mich mit dem Thema und fing an, mit verschiedenen Materialien herumzuexperimentieren. Daraus ist dann irgendwann mein Erdmix entstanden (siehe vorige Seite Rezept), den ich eigentlich für fast alles benutze. Die anteilige Zusammensetzung variiert lediglich ein wenig darin, welche Pflanze in die Erde soll.

Deswegen gibt es auch keine Antwort auf die Frage: „Was ist der perfekte Mix?“ oder „Welches Substrat ist das Beste?“. Das hängt von extrem vielen Faktoren ab. Wie durstig ist die Pflanze? Wie viele Nährstoffe braucht sie? Steht sie eher sonnig oder schattig bei dir? Hat sie feine Wurzeln oder dicke und fleischige? Bist du selbst gießfreudig oder neigst du dazu, deine Pflanzen ab und zu zu vergessen? Am besten lernst du dadurch, dass du beobachtest. Das ist beim Gießen genauso, eine Pauschalantwort gibt es leider nicht.

1

2

EINFACH – ZU NOCH MEHR PFLANZEN

Zimmerpflanzen selbst zu vermehren ist grandios. Nicht nur weil du dann noch mehr Exemplare deiner Lieblingspflanze hast, sondern sie auch noch verschenken oder tauschen kannst. Und wachsen tun die Pflanzen ja bekanntlich wieder von allein.

1 Stecklinge einfach in Wasser bewurzeln.

2 Samen keimen in Moos am besten.

AUS 1, MACH 2 ODER 12

Jede Pflanze kann man vermehren. Manchmal ist das nahezu ein Kinderspiel, manchmal bringt es mich an den Rand der Verzweiflung. Während die Anzucht aus Samen wirklich Zeit braucht, und teilweise sehr anspruchsvoll ist, geht die Vermehrung über Stecklinge häufig viel einfacher. Natürlich musst du dir dafür erstmal sicher sein, dass man die Pflanze auch so vermehren kann.

In den meisten Fällen nehme ich Stecklinge, wenn die Pflanze zu groß wird oder ich einen buschigeren Look im Topf möchte. Allerdings habe ich eine riesige Freude an Stecklingen, denn nichts ist entzückender, als kleine Babyplants heranwachsen zu sehen. Ich rate dir also definitiv, das mal auszuprobieren, allein des Spaßes wegen!

Solltest du das erste Mal Stecklinge schneiden, empfehle ich dir, eine Pflanze zu wählen, die sich leicht vermehren beziehungsweise bewurzeln lässt. Eine *Monstera*, einen *Philodendron* oder eine *Begonia* sind super zum Üben und versprechen nahezu hundertprozentigen Erfolg.

Eins sollte dir jedoch bewusst sein, bevor du mutig zur Schere greifst: wenn du Stecklinge schneidest, wird deine Mutterpflanze auch kleiner als zuvor austreiben.

KOPFSTECKLING UND STAMMSTECKLING

Da ich in der Vermehrung keine Einbußen bei der Größe meiner Mutterpflanze machen möchte, halte ich es so: den Kopfsteckling behalte ich (das ist der Teil, der ganz oben an der Pflanze ist), die Stammstecklinge gebe ich ab oder verschenke ich, den Mutterteil (das ist das letzte Stück unten, welches nach dem Schnitt übrig bleibt) behalte ich auch. So habe ich immer einen adulten und einen juvenilen Teil der Pflanze. Kopfstecklinge wachsen meistens nahezu ungestört weiter, sobald sie Wurzeln haben, und verlieren kaum an Größe. Ein Stammsteckling hingegen muss erst neu austreiben. Er wird sehr viel kleinere Blätter haben, als deine Pflanze vorher hatte. Aber auch er wird irgendwann groß und stark - braucht eben nur ein paar Tage länger dafür.

BLATTSTECKLINGE

Neben Kopf- und Stammstecklingen gibt es auch Blattstecklinge. Achtung: nicht jede Pflanze lässt sich über Blattstecklinge vermehren! Dazu ist teilungsfähiges Gewebe nötig und bei vielen Pflanzen ist dieses nicht in den Blättern vorhanden.

BEWURZELN

Stecklinge, Ableger, Cuttings – all das bezeichnet im Pflanzensprachgebrauch ein Stück von einer Mutterpflanze. Um wieder zu einer neuen Pflanze zu werden, muss es zum Bewurzeln in ein Medium. Für mich funktioniert Perlit wunderbar, die einfachste und günstige Variante ist aber die Bewurzelung in Wasser. Stratum oder Moos sind ebenfalls sehr beliebt. Aber auch hier heißt die Devise: probieren geht über studieren. Im Bewurzelungsmedium deiner Wahl sollte dein Steckling hell stehen, aber ohne direkte Sonne und niemals austrocknen. Dunkles Glas und eine hohe Luftfeuchtigkeit sind ebenfalls vorteilhaft für die Wurzelbildung. Die kann durchaus schnell gehen, ich hatte aber auch schon Cuttings, die sich mehr als ein Jahr Zeit gelassen haben. Geduld ist hier also gelegentlich gefragt. Wenn du sogar noch eine Heizmatte hast, bietet es sich an, deine kleinen soon-to-be Babyplants darauf zu positionieren, damit sie immer einen warmen Popo haben. Auch das fördert das Wurzelwachstum.

KINDEL UND CO.

Einige Pflanzen bilden von sich aus kleine Tochterpflanzen oder unterirdische Austriebe, die man von der Mutter trennen kann. Das ist mitunter die einfachste Methode, deine Pflanzen zu vermehren, da du sie lediglich von der Mutterpflanze trennst und dann separat eintopfen kannst. Die Top-Kandidaten dafür sind *Pilea*, *Sansevieria* oder Bananen.

Alocasien bilden hingegen kleine Knollen, aus denen du mit ein bisschen Geduld zauberhafte kleine Pflänzchen ziehen kannst.

Geschnitten wird zwischen zwei Blattknoten

Luftwurzeln werden bald zu richtigen Wurzeln.

Schnittstellen antrocknen lassen – wichtig!

Ab in die Propbox

DIY: STECKLINGE SCHNEIDEN, LEICHT GEMACHT

Stecklinge schneiden ist immer etwas aufregend, selbst für mich, nach vielen Jahren und Hunderten von Vermehrungen. Wenn du aber einfach zwei, drei Dinge beachtest, dürfte nichts schiefgehen und bald schon hast du zahlreiche Babyplants!

AUSWAHL

Kriterium Nr. 1: Vermehre nur gesunde Pflanzen! Das heißt, sie sollten schädlingsfrei sein und nicht gestresst. Stress entsteht durch einen Umzug, Umtopfen oder Krankheiten. Stell also sicher, dass dein grüner Schützling für die „Operation" topfit ist. Zudem ist es besser, eine Pflanze mit einer gewissen Größe zu wählen, heißt, sie sollte bereits etabliert sein. Vorteilhaft ist ebenfalls, wenn sie gut im Saft steht. Gieße sie dafür ein paar Tage vorher ordentlich, damit die Stecklinge gut hydriert sind.

SCHNITTPUNKTE

Geschnitten wird immer zwischen zwei Blattknoten (*Nodi*, Einzahl *Nodium*). Achte hierbei auf genügend Abstand zum jeweiligen Knoten (dort, wo die Blätter rauskommen), um eventuellen Gammel zu umgehen und gegebenenfalls Platz zum Nachschneiden zu haben. Auch sollte Schnittwerkzeug vor und nach der Verwendung desinfiziert werden, um Infektionen vorzubeugen. Gewöhne dir am besten ebenfalls an, Handschuhe zu tragen, denn viele Pflanzen sind giftig und der austretende Saft kann Hautirritationen auslösen, wenn du empfindlich bist. Lass die Stecklinge nach dem Schnitt einige Stunden liegen und trocknen. So bildet sich eine Art Kruste, wie bei uns, wenn wir uns schürfen und es können keine Bakterien oder Pilze eindringen, die deinen Steckling gefährden. Möchtest du auf Nummer sicher gehen, kannst du die Schnittstelle auch mit Wachs versiegeln. In den meisten Fällen ist dies jedoch unnötig, meiner Erfahrung nach.

PROPBOX

Jetzt kommen deine Stecklinge ins favorisierte Bewurzelungsmedium, und dann heißt es warten! Next level ist es, wenn du eine einfache, durchsichtige Plastikbox zur Hand hast. Dort packst du alle Stecklinge hinein – das hält die Luftfeuchtigkeit hoch und die Kleinen trocknen dementsprechend nicht aus. Außerdem musst du dich nicht um jeden Steckling einzeln kümmern, sondern kannst alle in einem Rutsch bei der Pflege abfrühstücken. Ein Ziplockbeutel tut es aber auch!

Hübscher ist eine Propagation Station. Ein paar nebeneinandergestellte alte Gläser mit verschiedenen Cuttings machen nämlich richtig was her!

GREENHOUSE & GREENHOUSECABINET

Hübsch dekorierte Glasvitrinen, aber statt des Sammlerporzellans zieren Pflanzen die Regale: Greenhouse & Greenhousecabinet sind einer der meist geklickten Begriffe auf Social Media.

1

VORTEILE

Sich ein Gewächshaus anzuschaffen oder zu bauen, bietet viele Vorteile. Zum einen kannst du es so präparieren, dass sich die Luftfeuchtigkeit konstant hoch hält – das kann durchaus eine Herausforderung sein und es gibt Pflanzen, die sich anders nicht kultivieren lassen.

Zusätzlich kannst du ohne großen Aufwand Lampen installieren, die deine Pflanzen auch im Winter mit lebensnotwendiger Energie versorgen. Und das, ohne Licht-Leisten und Kabel im Wohnraum rumfliegen zu haben. Viele Lampen erhöhen außerdem die Temperatur um ein paar Grad. Perfekte Wachstumsbedingungen für unsere tropischen Freunde! Und die Sorge, dass es im Winter zu kalt, zu dunkel oder gar zu trocken wird, eliminierst du ebenfalls damit.

Ich habe den Großteil meiner Pflanzen in Indoor-Gewächshäusern. Viele gedeihen dort besser als im Raum und auch Schädlinge lassen sich gezielter bekämpfen. Das kann im offenen Zimmer in der Wohnung bei einem massiven Befall nicht nur eine Herausforderung, sondern auch ein echter Alptraum werden. Aber dazu an anderer Stelle mehr.

Fakt ist: in einem Greenhousecabinet kannst du selbst in der dunkelsten Ecke deiner Wohnung, Pflanzen

gedeihen lassen, wenn du darin Pflanzenlampen verbaust. Ein absoluter Vorteil, wenn man eben nicht in einer großen, lichtdurchfluteten Wohnung wohnt.

Nicht zuletzt ist es ein richtiger Hingucker! Wenn ich Besuch habe, bleibt jeder erstmal stehen und staunt. So kann man Menschen auch für das Hobby begeistern, weiß ich aus Erfahrung.

ANFORDERUNGEN

Eigentlich lässt sich aus jeder Vitrine ein Greenhouse zaubern. Du musst sie lediglich abdichten und witterungsbeständig machen, sofern sie aus wasserempfindlichem Material ist. Die Größe ist völlig variabel. Ich habe schon richtig kreative Sachen gesehen, vom Miniterrarium aus Stahl auf der Fensterbank, bis hin zu riesigen begehbaren Traum-Zimmergewächshäusern. Der Kreativität sind keine Grenzen gesetzt!

Richtig fortschrittlich wird es, wenn noch Mooswände oder ganze Dschungellandschaften die Rückwände zieren und dementsprechend bepflanzt werden. Oder gar Bewässerungsanlagen verbaut sind. Regenwald-Feeling pur!

1
Beleuchtete Vitrinen sind ein Augenschmaus und machen deine Pflanzen zu kleinen Stars.

2
Miniterrarien mit integrierter Bewässerung und Luftfiltersystem erlauben die Haltung von empfindlichen Pflanzen.

3
Große Indoor-Gewächshäuser bieten, klug präpariert, ein perfektes Klima und genug Platz, für große grüne Mitbewohner.

HARD TO KEEP ALIVE & „REST IN BIOTONNE“

Nicht immer läuft alles glatt und nicht jede Pflanze fühlt sich direkt wohl, wenn sie einzieht. Ich finde aber, Pflanzen zu retten und auch mal zu verlieren, ist ein wichtiger Prozess, um schneller zu sehen, wenn etwas OFF ist, wie ich immer sage.

1

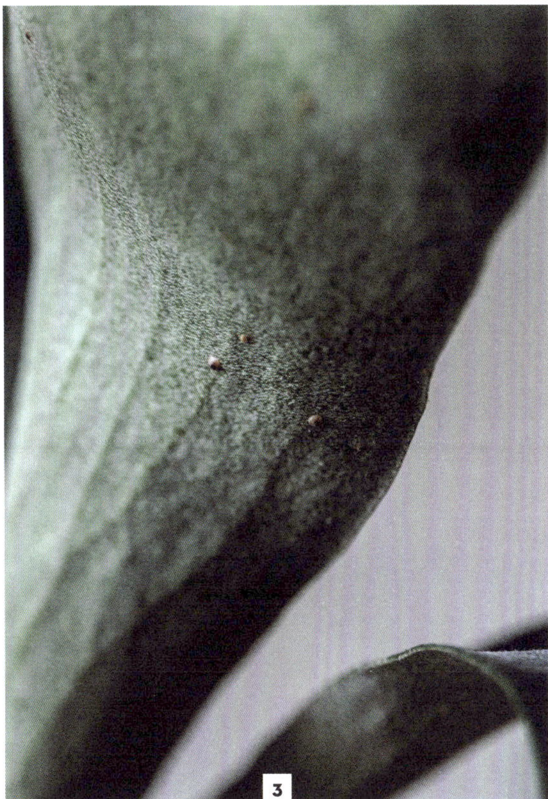

SCHÄDLINGE UND ERSTE HILFE

Auf der Suche nach dem „Warum geht es meiner Pflanze nicht gut?“ Heißt es immer zuerst: ungewollte Untermieter ausschließen! Warum? Weil es das Offensichtlichste ist und du dich schnell weiter auf die Suche machen kannst, solltest du nichts krabbeln sehen! Sei akribisch! Thripse, Spinnmilben und Co. tarnen sich ausgezeichnet und sitzen mit Vorliebe an Pflanzenteilen, die schwer einsehbar sind, wie Blattachseln, Blattunterseiten und Blatthüllen, oder direkt an den Blattadern. Am besten benutzt du Stirnlampe und Lupe. Das mag vielleicht albern aussehen, kann dich aber vor einer mittelschweren Pflanzenkatastrophe bewahren.

1 Thripselarven sind meistens erst zu erkennen, wenn sie schon in der Überzahl sind.

2 Nützlinge gibt es in Tüten, aber auch zum Gießen, wie z. B. Nematoden gegen Trauermücken.

3 Schildläuse können winzig sein und damit lange unentdeckt bleiben.

Quarantäne

Solltest du Schädlinge finden, ist sofortiges Handeln unverzichtbar. Separiere deine Pflanze und kontrolliere alle Gewächse, die in der näheren Umgebung des befallenen Exemplars standen. Alle potenziell Auffälligen müssen in Quarantäne. Bei mir ist der Ort dafür das Badezimmer. Eine große Plastiktüte tut es aber auch, solltest du keinen Platz haben.

Abduschen

Stellst du einen Befall fest, dusche die Pflanze erstmal gründlich ab. Versuche dabei die Blätter nicht direkt über dem Topf zu reinigen oder decke das Substrat ab, damit du die Schädlinge nicht einfach in den „Keller“ verfrachtest und sie sich direkt das „Penthouse“ zurückerobern, sobald sie ein paar Tage Ruhe vor dir haben. Dann geht es an die Behandlung.

Nützlinge

Ich habe bisher die besten Ergebnisse mit Nützlingen erzielt – sowohl drinnen als auch draußen, präventiv und kurativ. Die Natur weiß manchmal einfach am besten, wie man kleine Schmarotzer loswird und tut das mit größtem Erfolg. Für jeden Schädling gibt es einen Nützling. Für diese Variante musst du zwar etwas Geld in die Hand nehmen, aber es lohnt sich wirklich (Adressen siehe Seite 156).

Omas Apotheke

Einen leichten Befall mit Spinnmilben oder Thripse kannst du prima mit Hausmitteln in den Griff kriegen. Mische einfach Wasser und etwas Rapsöl im Verhältnis 10 : 1 und gebe einen Klecks Spülmittel dazu. Damit sprühst du dann die ganze Pflanze ein. Lasse nichts aus! Das Öl verklebt die Atmungsorgane der nervigen Sauger und mit etwas Glück hat sich das Problem mit ein, zwei Anwendungen bereits erledigt.

Auch viele biologische Pflanzenschutzmittel funktionieren auf Ölbasis. Mit der Mischung hast du also erstmal die schnelle Version für den kleinen Geldbeutel.

Wollläuse hingegen, lassen sich bestens mit medizinischem Alkohol eliminieren. Tränke dafür ein Wattestäbchen darin und betupfe die Läuse damit. Außerdem kommst du mit dem Stäbchen super in enge Blattachseln, wo sich Wollläuse mit Vorliebe aufhalten.

Blattläuse bekämpfe ich lediglich mit Wasser oder mechanisch. Entweder streifst du sie mit den Fingern oder einer weichen Schuhbürste ab oder du spritzt sie mit einem harten Wasserstrahl ins Verderben. So lange wiederholen, bis du die Population erledigt hast.

Pflanzenschutzmittel

Chemische Pflanzenschutzmittel aus dem Einzelhandel sollten immer, wirklich immer, die letzte Lösung sein. Oft werden sie leichtfertig benutzt, meistens sogar ohne Schutzmaßnahmen angewendet. Dies kann auf lange Sicht jedoch nicht nur der Pflanze, sondern auch dir schaden. Falls du also doch mal zur Chemiekeule greifen solltest, achte auf die empfohlene Schutzausrüstung in der Packungsbeilage und wende das Mittel genauso an wie beschrieben. Bedenke dabei, dass Folgegenerationen von Schädlingen schnell Resistenzen entwickeln

1 Spinnmilben spinnen feine Netze.

2 Thripse erkennt man am grauen oder braunen Schleier auf dem Blatt.

3 Wollläuse sehen niedlich aus. In der Überzahl allerdings …

4 … erledigen sie sogar eine erwachsene *Hoya linearis*.

und irgendwann nicht mehr auf das Mittel anspringen, solltest du es nicht fachgerecht benutzen.

Auch präventives Anwenden von Pflanzenschutzmitteln sollte tabu sein. Eben genau deswegen. Ein weiterer Nachteil: nach der Anwendung von Chemie ist ein Nützlingseinsatz erstmal nicht möglich. Deswegen empfehle ich dir, meine Bekämpfungs-Reihenfolge (siehe Seite 37) einzuhalten.

Dranbleiben!

Das A und O! Schädlinge sind nervig, aber sie gehören dazu. Sowohl indoor als auch im Garten. Das Wichtigste bei der Bekämpfung ist, nicht nachzulassen! Die nächsten Generationen sind meistens schon unterwegs, wenn man den Befall entdeckt. Beobachte deine Pflanze also für die nächsten vier bis sechs Wochen intensiv und halte dich an deine Behandlungsintervalle, auch wenn du das Gefühl hast, die Invasion sei überstanden. Ich behandle grundsätzlich zwei Mal, um sicherzugehen, dass ich alle ungebetenen Gäste erwischt habe. Egal, ob ich Nützlinge einsetze oder mich für ein Hausmittel entschieden habe. Consistency is key!

KRANKHEITEN UND PILZE

Pilzinfektionen, wie Augenfleckenkrankheit oder Mehltau, gehe ich direkt mit einem biologischen Fungizid an, da sich die Anwendung von Hausmitteln bei mir nie bewährt hat – leider.

Netzschwefel oder andere für den biologischen Gartenbau zugelassene Produkte sollten hier deine erste Wahl sein, um die Infektion so umweltschonend wie möglich zu behandeln.

Auch bei Pilzen heißt es: Nase vorn haben! Ich habe schon mehr Pflanzen an Mehltau verloren als an Thripse, denn Pilze verbreiten sich durch Sporen und Kontakt schneller, als du gucken kannst!

Bakterien und Viren sind meistens das sichere Todesurteil für deine Pflanze. Sie werden durch unsaubere Schnittwerkzeuge oder durch saugende Insekten übertragen. Sollte sich das gefürchtete Mosaikvirus zeigen, verabschiede dich von deiner Pflanze. Du kannst sie weder behandeln noch retten, und die Ansteckungsgefahr für deine anderen grünen Lieblinge ist einfach zu groß. Entsorge sie deshalb am besten über den Hausmüll und nicht auf dem Kompost oder in der Biotonne.

1 Gelbe Blätter sind eine natürliche Alterserscheinung. Treten sie vermehrt auf, heißt es Obacht!

2 Klassische Wurzelfäule

Wurzel- und Stammfäule

Wurzel- oder Stammfäule sind häufig das Ergebnis falscher Pflege. Solltest du Fäulnis feststellen, kannst du deine Pflanzen retten, indem du alle betroffenen, matschigen Teile mit einem desinfizierten Schnittwerkzeug entfernst. Beseitige auch alles, was theoretisch infiziert sein könnte, sprich Substrat, Rankstab und Topf. Reinige und desinfiziere gründlich! Substrat kommt ohne Wenn und Aber in den Müll! Danach geht's in die Reha für deine Pflanze. Sobald die Schnittstellen trocken sind, empfehle ich ein Bad in Wasser mit anteiligem Wasserstoffperoxid, bevor dein Sorgenkind im Anschluss im Bewurzelungsmedium einen Neuanfang starten kann. Unter ständiger Beobachtung versteht sich!

Pflegefehler und Unwohlsein

Eine unzufriedene Pflanze ist eine anfällige Pflanze. Ich bekomme schnell eine Erkältung, wenn ich kalte oder nasse Füße habe. Deiner Pflanze geht es nicht anders. Oftmals ist Blattwurf das Resultat von zu feuchtem oder zu trockenem Substrat. Die Wurzeln deiner Pflanze können faulen, weil sie zu nass stehen und keinen Sauerstoff mehr aufnehmen können. Oder sie sind schlicht und ergreifend ausgetrocknet und sterben dadurch ab. Weniger Wurzeln können weniger Blätter versorgen, also muss deine Pflanze welche loswerden, um weiterhin am Leben zu bleiben. Ein Abwurf der Blätter, die logische Folge.

Gießen ist nicht das Problem? Wann hast du das letzte Mal gedüngt? Vielleicht braucht dein grüner Schützling auch einfach einen Tapetenwechsel! Ein neuer Standort kann Wunder wirken! Ebenso die Nachbarschaft zu verändern hilft manchmal, es gibt Pflanzen, die vertragen sich einfach nicht. Stell deine Pflanze also mal etwas heller, dunkler, wärmer, in „bessere" Gesellschaft oder achte darauf, Zugluft zu vermeiden. Vielleicht ist das schon der Schlüssel zum Erfolg!

Rettungsreihenfolge: Was fehlt meiner Pflanze?

1 Hat sie Schädlinge, einen Pilz oder ein Virus? Irgendetwas, was sich offensichtlich zeigt, oder zu sehen ist? Schaue unter die Blätter, in die Blattachseln, beobachte die Erde! Krabbelt dort etwas?

2 Hast du zu wenig gegossen? Oder vielleicht zu viel? Ist der Topf leicht oder sehr schwer? Steck mal deinen Finger in die Erde! Hast du vielleicht vergessen zu düngen?

3 Wurzelcheck. Hol deine Pflanze aus der Erde und schau, ob die Wurzeln in Ordnung sind. Sie sollten prall gefüllt und saftig sein, mit weißen, aktiven Wurzelspitzen. Trockene oder matschige Wurzeln deuten auf Wurzelfäule hin.

4 Auch das ist alles in Ordnung? Dann kommt hier der Tapetenwechsel! Stell deine Pflanze mal an einen anderen Ort in deinem Zuhause! Vielleicht ist sie unzufrieden mit Licht oder Temperatur, oder hat sich mit ihren Nachbarn „gestritten“.

BLATT-
PFLANZEN

2000

Zeigt her eure Blätter! Blattpflanzen, Blattschmuckpflanzen, foliaga plants … Hier geht es darum, wer mit seinen Blättern am meisten Aufsehen erregt. Denn irgendwie geht's ja auch genau darum: Zimmerpflanzen mit auffallend schönen, besonders großen oder extravaganten Blättern zu haben.

Blattschmuckpflanzen spielen nicht nur im Garten eine Rolle, sondern gerade Zimmerpflanzen überzeugen meistens nicht mit Blüten, sondern mit Blättern. In Zeiten, wo Panaschierung in ist, steht völlig außer Frage, dass das Laub einer Pflanze Auswahlkriterium Nummer 1 ist. Dabei ist die Auswahl unendlich, und auch ich erweitere meine Wishlist stets und frage mich, wie bestimmte Gattungen so lange unbemerkt an mir vorbeigehen konnten. Ich lege mich bei meiner Blattpflanzensammlung nicht auf Gattungen fest und kaufe, beziehungsweise sammle das, was mir gefällt. Panaschierte Pflanzen sind eine willkommene Abwechslung, aber auch dunkle, samtige Blätter bringen mich um den Verstand. Ledrige, wollige, stachelige, längliche Blätter, gefiederte Formen, gekräuselte oder lieber doch tellergroße Riesenlappen. Es gibt so viele Blattformen und -farben – und es wäre doch viel zu schade, sich festzulegen, oder? Um Abwechslung zu haben, kombiniere ich oft verschiedene Grüntöne und Strukturen. Gerade, wenn man mehrere Pflanzen in einer Ecke drapiert, machen die Unterschiede den Reiz aus und der Kontrast gibt jeder Pflanze die Chance, für sich zu glänzen.

Sind im Garten meist die Blüten die Stars der Show, sind es bei unseren grünen Indoor-Freunden häufig die Blätter. Deswegen führen sie auch das große Kapitel hier an. Auf den nächsten Seiten zeige ich dir meine liebsten Blattschmuckpflanzen, meine favorisierten Sorten, gebe dir meine Erfahrungen mit diesen weiter und verrate natürlich auch, wo die Schwierigkeiten liegen und wo eben auch nicht.

Natürlich ist es unmöglich, hier alle Pflanzen aufzuführen, damit könnte ich ganze Bände füllen. Die Folgeseiten sind deshalb reserviert für meine absoluten Lieblinge, aber glaub mir, das sind auch schon einige.

PFEILBLATT

ALOCASIA MICHOLITZIANA 'FRYDEK'

QUICK CARE

10 Stunden helles, indirektes Licht
Feucht halten
Düngergabe hoch und regelmäßig
Lockerer Substratmix mit hohem Humusgehalt
Vermehrung durch Tochterrhizome oder Teilen des Mutterrhizoms
Anfällig für Spinnmilben

'Frydek' ist die panaschierte Sorte von *Alocasia micholitziana*, die mit ihren fast schwarzgrünen, samtigen Blättern im Übrigen nicht weniger schön ist. Beide Pflanzen bekamen seither viele Namen, noch immer herrscht teilweise Verwirrung über die richtige Bezeichnung. *Alocasia* 'Frydek' ist für die panaschierte Form aber mittlerweile die gebräuchlichste.

Zu Hause auf den Philippinen, fühlt sie sich im tropischen und feuchten Klima zwar am wohlsten, die Temperaturen fallen dort aber durchaus unter die 10 °C-Grenze – mit Samthandschuhen muss man sie also nicht anfassen!

Für mich ist die 'Frydek' eine der einfachsten ihrer Gattung. Sie fühlt sich am wohlsten im indirekten, hellen Licht oder unter einer Pflanzenlampe, gedeiht in normaler Luftfeuchtigkeit und ist relativ stabil in der Panaschierung.

Meiner Erfahrung nach ist sie sehr hungrig, regelmäßige Düngergaben sind also ein Muss, damit sie gut wächst. Die Wurzeln sollten niemals austrocknen, gieße demnach sobald die obersten 2 cm der Erde trocken sind. Wundere dich übrigens nicht, wenn deine *Alocasia* im Winter etwas faul wird. Manche Pfeilblätter machen in der dunklen Jahreszeit ein Päuschen, wachsen nicht mehr oder schmeißen gar Blätter ab. Kein Grund also zur Sorge! Reduziere einfach deine Wassergaben etwas, und im Frühjahr geht es dann mit der normalen Pflegeroutine weiter.

Alokasien haben zuweilen den „Zicken-Ruf". Wenn sich deine *Alocasia* einmal an einem Standort wohlfühlt, lass sie dort stehen! Die Pflanzen können auf einen Wechsel empfindlich reagieren. Sollte dieser dennoch notwendig sein, suche einen Standort, der dem Alten ähnlich ist, damit die Umstellung so selbstverständlich wie möglich abläuft.

Alocasia zebrina

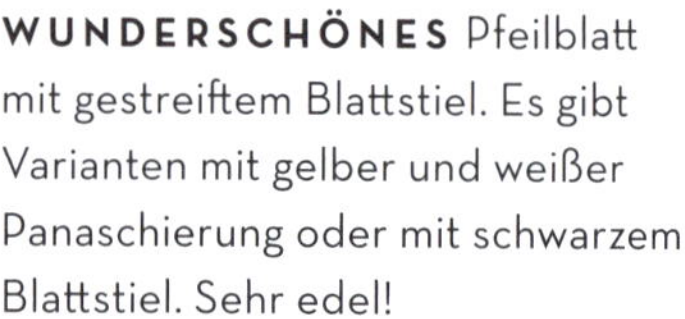

WUNDERSCHÖNES Pfeilblatt mit gestreiftem Blattstiel. Es gibt Varianten mit gelber und weißer Panaschierung oder mit schwarzem Blattstiel. Sehr edel!

CAREGUIDE: Panaschierte Formen brauchen viel indirektes Licht, grüne Form kann absonnig stehen. Regelmäßig tiefer topfen, um Standfestigkeit zu behalten. Reagiert empfindlich auf Zugluft. Wächst wunderbar in Selbstbewässerung, da sie großen Durst hat.

SUPER als Einsteiger-*Alocasia* geeignet.

Alocasiax amazonica 'Polly'

BILDHÜBSCHES schwarzgrünes, ledriges Laub mit auffällig weißen Blattadern = Träumchen! Kleiner bleibender Mutant von *Alocasia* x *amazonica*.

CAREGUIDE: Viel indirektes Licht für viel Wachstum. Nicht austrocknen lassen. Haltung in mineralischem Substrat mit Selbstbewässerung optimal; zieht manchmal im Winter komplett ein. Düngergaben regelmäßig, aber nicht zu hoch.

ALS ANFÄNGERPFLANZE häufiger empfohlen, aber durchaus schwierig in der Haltung.

Alocasia 'Platinum'

EINFACHER GEHT ES NICHT und schöner eigentlich auch kaum: Die Struktur und die silbernen Blätter dieses Pfeilblatts sind mehr als bezaubernd und Pflegefehler verzeiht sie.

CAREGUIDE: Verzeiht Durststrecken, absonnig/halbschattig/hell – wird alles vertragen, kaum schädlingsanfällig, regelmäßige Düngergaben und Duschen willkommen.

GEWINNERPFLANZE in der Kategorie „Easiest".

ANTHURIE, FLAMINGOBLUME

ANTHURIUM CIRINOI

QUICK CARE

Keine direkte Sonne, mindestens 8 Stunden helles, indirektes Licht
Feucht halten, ohne Staunässe
Grober, leicht saurer Substratmix
Mittelhoher Nährstoffbedarf
Empfindlich gegenüber Kalk und Salzen
Vermehrung durch Stecklinge oder Samen

Hätte mir vor fünf Jahren jemand gesagt, dass ich mal ein Haus voller Flamingoblumen haben würde, ich hätte gelacht. Es gibt nämlich nichts, was ich schrecklicher finde als die roten Hochblätter der klassischen *Anthurium scherzerianum* aus dem Baumarkt. Die Gattung *Anthurium* hat aber sehr viel mehr zu bieten!

Große, samtige Blätter! Dunkelgrünes, fast schwarzes Laub! Helle, schimmernde Blattadern! Oder langes, ledriges, fleischig-glänzendes Blattwerk. Für jeden Geschmack etwas.

Anthurien sind allerdings teilweise in der Haltung sehr viel anspruchsvoller als beispielsweise Philodendren. Ich empfehle dir folglich, dich vorab gut zu informieren, denn nichts ist trauriger, als mit einem trockenen Stamm im Topf zurückgelassen zu werden.

Anthurium cirinoi zum Beispiel ist großartig, um zügig Erfolge zu sehen. Die Blätter wachsen extrem schnell, sie ist nicht annähernd so empfindlich wie Anthurien mit einer ähnlichen Blattform, und auch kleine Pflegefehler bringen sie nicht direkt in die Biotonne.

Dennoch profitiert sie von einigen Maßnahmen. Anthurien reagieren empfindlich auf kalkhaltiges Wasser, gieße daher mit Regenwasser, gefiltertem oder zumindest abgestandenem Wasser. Deine *Anthurium cirinoi* hat es gerne warm, ein nächtlicher Temperaturabfall gefällt ihr aber – im Sommer darf gerne draußen gecampt werden! Da Anthurien in ihrem natürlichen Habitat zumeist epiphytisch wachsen, empfehle ich dir einen groben Substratmix, mit hoher Drainfähigkeit und Belüftung. *Cirinoi* und ihre Geschwister neigen bei stehendem Wasser nämlich schnell zu Wurzel- und Stammfäule.

WEITERE ANTHURIEN, OHNE DIE ICH NICHT MEHR SEIN WILL

ANTHURIUM CLARINERVIUM

Die Herzblattblume (Bild oben links) läuft dir hin und wieder im Gartencenter über den Weg und beeindruckt mit ihren großen, dunklen, herzförmigen (ja, wirklich!) Blättern. Meiner Erfahrung nach ist sie auch mit 40 bis 50 % Luftfeuchtigkeit zufrieden, Hauptsache sie steht nicht im Wasser und trocknet nie aus. Außerdem macht die Kultur nie Probleme, Stecklinge haben einen nahezu hundertprozentigen Erfolg. Leider ist sie anfällig für Thripse, das solltest du im Blick haben. Mit ihr kann man für andere Anthurien üben!

ANTHURIUM REGALE

Niemand wächst so schnell wie sie (Bild oben rechts)! Die Blätter werden massiv groß – und das schnell! Als schwierig gilt es, *A. regale* mit mehreren Blättern zu halten, weil sie immer das ältere Blatt abwirft, sobald ein neues im Anmarsch ist. Das ist auch bei mir so! Sie ist sehr kalkempfindlich und ein Spinnmilben-Magnet, ansonsten aber eine wirklich beeindruckende Erscheinung, die dich dennoch zur Verzweiflung bringen kann. *A. regale* erfordert etwas Fingerspitzengefühl, um alles an Potenzial zu entfalten – also zumindest im Raum, ohne Terrarium!

ANTHURIUM VEITCHII

Nicht zu unrecht auch *King Anthurium* genannt (Bild unten links). Die Blätter können riesig werden und erinnern (mich zumindest) im adulten Stadium an ein durchtrainiertes Sixpack – königlich! Die Beschaffenheit der Blätter macht eine Haltung im Zimmer ohne viel Klimbim möglich, direkte Sonne verträgt der König allerdings nur am Morgen oder Abend. Von all meinen Anthurien ist diese am leichtesten zu halten, nicht zuletzt, weil er keine samtigen Blätter hat.

ANTHURIUM PALLIDIFLORUM

Wieder ganz anders in der Erscheinung ist dieses Prachtstück (Bild unten rechts). Die langen, schmalen Blätter wachsen schnell über die Metergrenze und schmeicheln jedem Schrank oder Regal. Sehr blühfreudig bei mir! Ich schneide die Blüten immer direkt ab, damit sie die Pflanze keine Kraft kosten. Ansonsten definitiv einfach in der Haltung und schädlingsunanfällig. On top, einfach mal was ganz anderes! Lieben wir!

Das kleine x

In den letzten Jahren ist ein regelrechter Hype um *Anthurium*-Hybriden entstanden. Durch Kreuzung – das besagt das kleine x –, treten bei dieser Pflanzengattung gelegentlich spektakuläre Morphologien hervor. Wenn du diese Hybriden weiter vermehren willst, machst du am besten Stecklinge, damit neue Pflanzenbabys so aussehen wie die Elternpflanze.

ZIMMERTANNE
Araucaria heterophylla

WUNDERVOLLER STRUKTURGEBER, der nordisches Flair in die Wohnung holt. In Einzelstellung ein absoluter Blickfang und leicht in der Pflege in hellen, kühlen Räumen.

STANDORT: Hell, nicht sonnig, mäßige Temperatur.

PFLEGE: Mäßig feucht halten, Kalk meiden, hohe Luftfeuchtigkeit erwünscht, düngen mit kalkarmem Dünger, nicht schneiden, Vermehrung durch Aussaat schwierig.

ELEFANTENFUSS
Beaucarnea recurvata

PFLEGELEICHTER UND ROBUSTER Mexikaner. Ideale Einsteigerpflanze, die kleine Pflegefehler verzeiht.

STANDORT: Sonnig, ohne pralle Mittagshitze, hohe Temperaturen willkommen, im Winter gerne kühler.

PFLEGE: Wenig Wasser, wenig Dünger, lockeres und gut drainfähiges Substrat. Umtopfen erst, wenn der Stammfuß den Topf komplett ausfüllt oder der Wurzelballen drückt, Kappen möglich.

FORELLENBEGONIE
Begonia maculata

SUPER SCHICKER EINSTEIGER mit weißen, schimmernden Punkten auf den Blättern, die Blattunterseite ist rot. Steht stellvertretend für die ganzen tollen Begonien, die es noch gibt – sowohl fürs Terra, als auch fürs Zimmer.

STANDORT: Schön warm und hell, ohne direkte Sonne. Temperaturen sollten nicht unter 15 °C fallen.

PFLEGE: Humusreiches Substrat, Staunässe und Trockenheit vermeiden, mag Luftfeuchtigkeit, beleidigt bei Zugluft, Vermehrung leicht durch Spross- und Blattstecklinge.

BUNTWURZ-HYBRIDE, KALADIE

CALADIUM BICOLOR

QUICK CARE

Indirekt hell bis absonnig
Feucht halten
Hohe Luftfeuchtigkeit erwünscht
Regelmäßig düngen
Blüten abschneiden für mehr Blattwuchs
Vermehrung durch Teilen der Knolle oder Tochterknollen im Frühjahr

Als ich das erste Mal in Thailand ein *Caladium* sah, war es um mich geschehen! Damals war es noch nahezu unmöglich, in Europa eine Knolle zu ergattern. Eine lange und beschwerliche Suche die Folge. Seither dürfen die Blattschmuckpflanzen bei mir nicht mehr fehlen. Die erhältlichen Farbkombinationen sind kaum zu toppen: strahlendes Weiß, kräftiges Pink, leuchtendes Rot und diverse Sprenkel und Farbverläufe. Ich kenne keine Gattung, die solch eine Diversität an Farbkombinationen im Gepäck hat.

Das Beste an Kaladien ist, dass du sie einfach im Herbst in die Winterruhe schickst und sie als Knolle lagerst, bis du sie im Frühjahr wieder aufweckst. So entsteht kein Indoor-Platzmangel in den kalten Monaten und man kann zig *Caladium* haben! Außerdem freut man sich dann wieder ganz besonders auf den Sommer.

Die Überwinterung sollte trocken, kühl und dunkel erfolgen. Ich lagere meine Knollen in Sägespäne bei rund 15 °C in einem Karton und kontrolliere gelegentlich, ob etwas schimmelt. Du kannst die Knollen aber auch einfach im Topf mit Substrat überwintern.

Die Anzucht geht leicht. Knollen bei konstanten 20 bis 21 °C in Substrat mit Drainageschicht legen, ein paar Zentimeter mit Perlit bedecken und feucht halten, aber nicht nass. Schon nach wenigen Wochen, manchmal sogar Tagen, recken die ersten Triebe ihre Köpfchen aus der Erde.

***Caladium* funktioniert auch im Garten!** Dafür müssen die Temperaturen schon sommerlich sein, aber ich halte sie vorzugsweise in Töpfen draußen – du kannst sie aber auch direkt ins Beet pflanzen. Gibt nicht nur ein tropisches Flair, sondern peppt auch so manche langweilige Ecke richtig auf.

KORBMARANTE

CALATHEA ORBIFOLIA

QUICK CARE

Erfordert etwas Übung
Helles, indirektes Licht, direkte Sonne vermeiden
Keine Zugluft
Nicht durchtrocknen lassen
Thripse anfällig
Vermehrung durch Teilung

Ich bin ehrlich mit dir: *Calathea* sind nicht mein Ding. In der Plantcommunity werden sie nicht umsonst häufig als Dramaqueens deklariert und finden leider nur wenige Fans. Nicht, weil sie nicht traumhaft schön sind, sondern weil die Pflege mitunter wirklich schwierig sein kann. Du hast eine *Calathea*, die wächst und gedeiht? Bravo! Du hast eine Auszeichnung verdient! Ich habe mich mittlerweile von fast allen Korbmaranten aus meiner Sammlung getrennt. Ich finde sie toll – keine Frage. Ich habe nur keine Lust, mich ständig um sie zu kümmern und den Rest der Zeit auf ein Häufchen Elend zu blicken.

Aber: auf die rundblättrige *Calathea orbifolia*, mit ihren auffälligen Streifen, kann ich nicht verzichten. Sie gehört zu den Luftverbesserern, heißt, sie filtert Schadstoffe aus der Luft und verbessert so aktiv das Raumklima. Eine perfekte Schlafzimmerpflanze!

Apropos schlafen: Wenn du es abends knistern hörst und die Blätter deiner *Calathea* sich langsam aufrichten, siehst du keine Gespenster – es ist *Calathea*-Schlafenszeit! Über Nacht steht das Laub dicht zusammen, um sich dann mit dem ersten Morgenlicht wieder zu entfalten.

Deine Korbmarante sollte hell stehen, direkte Sonneneinstrahlung über mehrere Stunden verzeiht sie allerdings selten. Auch reagiert sie empfindlich auf einen kalten Hintern. Wenn deine Fensterbank im Winter also sehr kalt wird, isoliere den *Calathea*-Popo mit einem Untersetzer aus Filz oder Ähnlichem.

Vermeide grundsätzlich plötzliche und extreme Veränderungen, egal ob sie den Standort oder die Pflege betreffen. Du merkst es: Korbmaranten benötigen ein bisschen Chichi hier und da. Das muss man eben wollen. Ausnahmen bestätigen natürlich, wie immer, die Regel!

LEUCHTERBLUME
Ceropegia woodii

ALIAS *STRING OF HEARTS*. Die locker hängenden Stränge fädeln herzförmige, sukkulente Blätter auf wie eine zarte Perlenkette. Entzückend! In der Ampel kultiviert, kann sie unfassbare Längen erreichen, und so habe ich schon Exemplare gesehen, die komplette Geländer herunterrankten.

STANDORT: Hell, keine Mittagssonne, im Sommer draußen.

CAREGUIDE: Durchlässiges Substrat. Gießen, wenn die Blätter knittrig werden – im Winter kaum. Schwach düngen. Vermehrung durch Brutknollen und Sprossstecklinge. Staunässe vermeiden!

KLETTERNDE LEUCHTERBLUME
Ceropegia sandersonii

SPEKTAKULÄR UND EINFACH in der Pflege = Power-Kombi! Nur klettern will sie, im Gegensatz zu ihrer bekannteren Schwester. Sie wird auch Fallschirmpflanze genannt.

STANDORT: Viel Licht und kuschelige Temperaturen, mäßig gießen, im Winter nur vor dem Austrocknen retten, darf im Sommer raus.

CAREGUIDE: Anspruchslose, sukkulente Pflanze, die nur nicht nass sein will! Schwach düngen. Gelegentlich treten Läuse auf. Substrat sehr durchlässig, aber nährstoffreich. Vermehrung durch Stecklinge und Brutknöllchen.

LIEBLINGS-PALME

Palmen haben ihre Berechtigung in diesem Buch – obwohl ich selbst kaum welche besitze. Das liegt vor allem daran, dass ich mich nach dem ständigen Überangebot in Baumärkten und Einrichtungshäusern einfach sattgesehen habe. Dennoch, jedes Mal, wenn ich eine Palme – und sei sie noch so unspektakulär – toll inszeniert sehe, wünschte ich mir, mehr Platz und Licht in meiner Wohnung zu haben. Habe ich aber nicht, trotzdem kommt hier meine absolute Nr. 1, wenn es um Palmen geht: Kokospalme (Cocos *nucifera*).

Und auf der nächsten Seite eine kleine, aber feine Auswahl, wenn es eben nicht die Kentia-Palme sein soll!

Ich liebe Kokosnüsse. Auch wenn ich natürlich weiß, dass ich keine in Zimmerkultur ernten werde. Die Sämlinge der Kokospalme, wie sie verkauft werden, sehen aber einfach toll aus, wie sie so aus ihrer Nuss herausschießen. Urlaubsfeeling vorprogrammiert! Zudem liebe ich die filigranen, langen, aufrechten Wedel: Palmen-Growing platzsparend.

Deine Kokospalme braucht Sonne! Und zwar viel! Hast du einen Wintergarten? Optimal! Ansonsten reicht ihr vielleicht ein Standort am Südfenster. Alles andere ist definitiv zu dunkel. Fallen die Temperaturen nicht unter 16 °C, darf deine Kokospalme auch auf den Balkon oder in den Garten. Sie wird sich bedanken.

Als Substrat eignet sich am besten ein sehr durchlässiger, sandiger und vor allem humusarmer Mix. Spezielle Palmenerde kannst du mit Sand aufarbeiten und verwenden. In den ersten Jahren brauchst du deine Kokospalme kaum zu düngen, der Sämling wird weiterhin über die Nuss versorgt.

Ansonsten solltest du auf häufige Wassergaben achten, denn Cocos *nucifera* ist durstig. Im Wasser stehen oder gar eine feuchte Nuss haben, will sie allerdings nicht. Gammelgefahr!

Da Kokospalmen sehr schnell tief wurzeln, macht es Sinn, einen großen, länglichen Topf zu wählen, damit du dich lange an ihr erfreuen kannst.

SÜDSEEPALME
Biophytum sensitivum

SIEHT AUS wie eine Palme im Miniformat, ist aber keine. *Biophytum sensitivum* gehört zu den Sauerkleegewächsen und ist ein echtes Sensibelchen.

ÄHNLICH WIE *Mimosa pudica* reagiert sie auf Blattberührungen. Bei starker Sonneneinstrahlung und in der Nacht, zieht sie ihre Blätter zusammen.

DIE SÜDSEEPALME funktioniert prima im Terrarium oder Flaschengarten, da sie empfindlich auf zu trockenes Substrat reagiert und eine hohe Luftfeuchtigkeit dankend annimmt. Nicht ganz einfach, aber mehr als bezaubernd, der kleine Südseetraum.

HAWAIIPALME
Brighamia insignis

DIE STAMMSUKKULENTE im Palmen-Mantel! Ihren Namen hat sie, weil sie nur auf Hawaii wächst, wo ihr Bestand mittlerweile stark bedroht ist.

DEINE PALME sollte hell, aber ohne direkte Sonne stehen. Solange die Temperaturen nicht unter 16 °C fallen, fühlt sie sich wohl. Mein Exemplar steht im Winter etwas kühler und im Sommer draußen. Funktioniert, obwohl diese „Palme“ als anspruchsvoll gilt. Gießen solltest du erst, wenn das Substrat trocken ist, und in der Ruhephase kaum bis gar nicht.

IHRE HELLGELBEN BLÜTEN zeigt die Inselschönheit, wenn sie happy ist.

FISCHSCHWANZPALME

Caryota mitis

HIER IST DER NAME PROGRAMM! Die hübschen, locker überhängenden, gefiederten Wedel sehen aus, wie die Flossen eines Fisches.

AUF DIESE PALME bin ich aufmerksam geworden, weil ich ein Foto der sehr seltenen, panaschierten Form gesehen habe. Bisher begnüge ich mich allerdings mit dem „Standard".

AUCH *CARYOTA MITIS* möchte so viel Licht, wie möglich, ohne dabei in der Sonne zu braten. Sie wächst am besten im durchlässigen, aber humosen Substrat.

SAGOPALMFARN

Cycas revoluta

DER JAPANISCHE PALMFARM sieht ebenfalls nur aus wie eine Palme, wächst sehr langsam und gehört zu den ältesten Pflanzen der Welt!

DIE NEUEN WEDEL ENTROLLEN sich ähnlich die eines Farnes. Sehr, sehr hübsch.

DA DIESES FOSSIL unter den Pflanzen im Alter durchaus imposant werden kann und auch einiges an Licht braucht, ist ein Wintergarten bei Temperaturen über 20 °C perfekt. Ansonsten mäßig feucht halten und Staunässe vermeiden, dann steht deinem Palmfarn-Glück nichts mehr im Wege.

YAMS, YAMSWURZ
DIOSCOREA DODECANEURA (SYN. *DISCOLOR*)

QUICK CARE

Absolut anfängergeeignet
Sehr durstig
Direkte Sonne bei feuchtem Substrat kein Problem
Mäßig düngen während der Wachstumsphase
Im Winter ruhen lassen
Vermehrung über Wurzelknollen

Meine *Dioscorea* bekam ich als Geschenk zu einer Pflanzenbestellung dazu. Ich hatte sie vorher überhaupt nicht auf dem Schirm! Als ich sie allerdings erstmals in real life sah, fragte ich mich ernsthaft, wie das passieren konnte.

Das herzförmige Laub ist außergewöhnlich schön – die Rückseite schimmert im kraftvollen Purpur, während sich auf der oberen Blattseite verschiedene Grüntöne mit hellen Blattadern und silbernen Flecken ein wahres Feuerwerk liefern. Absolut atemberaubend!

Besonders an *Dioscorea dodecaneura* ist, dass sie unterirdisch überwintert. Ihr Laub wächst also jedes Jahr aufs Neue und kann in einer Saison beachtliche Größe erlangen.

Im Herbst beginnt sie gemächlich ihre Reise in die Winterruhe: Laub und Triebe welken. Sobald dies geschehen ist, kannst du deine Yamswurz zurückschneiden und ruhen lassen. Bis zum Frühjahr solltest du hierauf nur so viel gießen, dass der Ballen nicht austrocknet.

Zum Start in die Vegetationszeit darfst du deine *Dioscorea* dann Umtopfen und so langsam aufwecken. Vielleicht hast du dabei auch direkt neue Knollen entdeckt? Diese kannst du ohne Weiteres entfernen, separat einpflanzen und deine *Dioscorea* auf diese Weise easy vermehren. Lässt du alle Knollen samt der Mutterpflanze im Topf, erwartet dich eine tolle, buschige Pflanze in der kommenden Saison.

Mein Exemplar lebt im Sommer draußen im Gewächshaus und liebt es. Achtung, das hübsche Gewächs ist sehr durstig! Selbstbewässerung ist für deine Yamswurz dementsprechend von Vorteil und erspart dir ständiges Gießen.

DIE ETWAS „ANDERE“ EFEUTUTE

EPIPREMNUM PINNATUM 'VARIEGATA'

QUICK CARE

Anfängerpflanze
Helles, indirektes Licht
Durchdringend wässern, sobald die Blätter leicht schlapp wirken
Anspruchslos bei Dünger und Substrat
Klettern lassen, für große Blätter
Vermehrung durch Stammstecklinge

Während die klassische Efeutute ja mittlerweile in ziemlich jedem Wohnzimmer vertreten ist, habe ich mich entschieden, eine andere *Epipremnum* vorzustellen.

Fälschlicherweise werden *Epipremnum pinnatum* und *Epipremnum aureum* (die klassische Efeutute) häufig „in einen Topf geschmissen“. Es sind aber zwei verschiedene Arten. Lässt man sie das adulte Stadium erreichen, ist der Unterschied deutlich erkennbar.

Obwohl *E. aureum* toll ist – eine super Anfängerpflanze! – und noch weitere unschlagbare Attribute mit sich bringt, wie Luftreinigung und schnelles Wachstum, gefällt mir *E. pinnatum* besser. Ihr Laub ist deutlich länger und pfeilförmiger, zudem entstehen mit dem Heranwachsen wunderschöne, geteilte Blattformen.

E. pinnatum wächst allerdings sehr viel langsamer als die klassische Efeutute, und auch beim Kauf wirst du den Unterschied im Geldbeutel bemerken. Ich selbst habe beide Arten zu Hause. Die „normale“ für dunkle Ecken, fürs Schlafzimmer und wo ich eben sonst eine Pflanze brauche, die unkompliziert und robust ist. Die „andere“, weil es wunderschöne Sorten gibt und ihr adultes Blattwerk unvergleichbar ist.

Ist euer Ziel also eine *Epipremnum* mit großen, länglichen Blättern und Fenestration (Fensterung), dann braucht ihr die Art *pinnatum*.

***Epipremnum*-Stecklinge wurzeln extrem schnell** und geben dann Wurzelhormone ab. Wollt ihr den Steckling einer anderen Pflanze schneller bewurzeln, kann es helfen, einen Efeututen-Steckling mit in euer Bewurzelungsmedium zu stecken. Im Test hat es sich bei mir bewährt auch schwerfällige Stecklinge zum Wurzeln zu überreden.

GEIGENFEIGE

FICUS LYRATA

QUICK CARE

- Viel indirektes Licht
- Viel Platz, die Blätter sollten nicht die Wände berühren
- Lass ihn stehen, wenn er sich wohlfühlt
- Mäßig feucht halten
- Blätter regelmäßig entstauben
- Schneiden fördert Verzweigung
- Vermehrung über Stecklinge

Wer mich und meinen Instagram-Kanal kennt, weiß: Das ist die Gattung, mit der ich am meisten struggle. Dennoch ist gerade die Geigenfeige eine der schönsten und imposantesten Zimmerpflanzen, meiner Meinung nach.

Kennst du diese Fotos von Räumen mit riesigen Fenstern und hohen Decken und dann steht da einfach ein wunderschöner großer Baum in der Ecke? Wenn ich groß bin, will ich das auch mal! Bis dahin quäle ich mich weiter damit, dieses Ding schlichtweg am Leben zu halten.

Es ist ein Kampf um Leben und Tod. Aber was ich mit Sicherheit sagen kann: im Sommer raus damit! Immer wenn ich dachte, mein *Ficus* stirbt, hat er sich draußen am besten erholt. Natürlich! Fährt man ein paar Meter weiter in südlichere Länder, wachsen Geigenfeigen einfach am Straßenrand, egal wie weit unter Null die Temperaturen im Winter sinken. Bekommt er in meiner Wohnung nur ein paar Sekunden Zugluft, lässt er alle Blätter fallen. Steht er draußen im Sturm, sprießen die neuen nur so.

Du merkst, der *Ficus* ist für mich wirklich ein Kuriosum sondergleichen und die Meinungen über die Pflege könnten weiter nicht auseinandergehen. Feucht halten, nur wenig gießen, kaum düngen, viel düngen, nicht bewegen, jeden Tag schütteln ... jeder hat ein anderes Rezept.

Und deshalb bleibt mir hier auch nichts anderes, als zu sagen: Ich versuche weiterhin den besten Weg zu finden. Eins ist aber sicher: Licht braucht er! Und zwar viel! Und sofern ich bis dahin das Geheimrezept gefunden habe, erzähl ich's dir im nächsten Buch. Bis dahin heißt es: probieren geht über studieren, und zur Not geht's eben raus in die Kälte. Da funktioniert es ja offensichtlich.

PFEILWURZ
MARANTA LEUCONEURA

QUICK CARE

- Fingerspitzengefühl erforderlich
- Absonniger Standort, mit Morgen- oder Abendsonne
- Feucht halten
- Kalk meiden
- Anfällig für Thripse
- Erhöhte Luftfeuchtigkeit vorteilhaft
- Vermehrung durch Teilung oder Stecklinge

Wird auch Gebetspflanze oder Prayerplant genannt, weil die Blätter sich, ähnlich wie bei einer *Calathea*, nachts zusammenfalten – wie zwei betende Hände. Auch ansonsten ist die Pfeilwurz eine willkommne Alternative zur Korbmarante, wenn man bunte Blätter liebt, aber sowohl weniger Platz hat, als auch Drama möchte.

Deine *Maranta* kann dich übrigens bei entsprechender Pflege mit kleinen, weißen oder rosafarbenen Blüten überraschen. Für dieses Spektakel musst du ihr allerdings die besten Bedingungen bieten.

Dafür gilt es, den perfekten Platz zu finden. Deine Pfeilwurz darf nämlich weder zu hell noch zu dunkel stehen, und sie beschwert sich durchaus, wenn ihr der Standort nicht passt. Bei mir bekommt sie etwas Morgensonne und steht den restlichen Tag absonnig neben einem Südfenster – das gefällt ihr sehr. Übrigens: verblasst die Zeichnung deiner *Maranta*, stell sie dunkler, dann wird sie wieder kräftiger.

Eine zu niedrige Luftfeuchtigkeit quittiert diese Gattung leider schnell mit trockenen Blattspitzen – auch ein zu trockener Ballen wird so zügig sichtbar. Heißt, deine Pfeilwurz sollte niemals austrocknen! Gieße, sobald der oberste Zentimeter des Substrats trocken ist.

Du merkst, ganz einfach ist *Maranta leuconeura* nicht. Hat man aber einmal den Dreh raus, ist sie eine sehr dankbare und wüchsige Zimmerpflanze. Gerade für dunklere Problem-Ecken ist sie ein toller Kandidat und sollte nicht unterschätzt werden!

Es gibt mittlerweile viele, sehr unterschiedliche Sorten der *Maranta leuconeura*. Eine rote Nervatur schenkt dir die Sorte 'Fascinator', silberne Blattzeichnungen bekommst du bei 'Silverband'. 'Light Veins' kommt mit einer hellen, fast gelben Zeichnung daher, und natürlich gibt es auch noch eine weiß-panaschierte Form. Für jeden Geschmack ist etwas dabei!

KÖSTLICHES FENSTERBLATT, MONSTERA

MONSTERA DELICIOSA 'THAI CONSTELLATION'

QUICK CARE

- Anfängertauglich bei guten Bedingungen
- Helles, indirektes Licht, Morgen- oder Abendsonne
- Sommer darf draußen verbracht werden
- Regelmäßige hohe Düngergaben (Starkzehrer!)
- Humusreiches, lockeres Substrat
- Luftwurzeln in die Erde führen
- Gelegentlich treten Thripse auf
- Vermehrung durch Stecklinge

Wenn ich mich für eine Pflanze entscheiden müsste, wäre sie es! Nicht nur weil mit der „normalen" Variante meine Sammlerleidenschaft begonnen hat, sondern auch, weil keine Pflanze so beeindruckend, aber gleichzeitig so unkompliziert ist. Die riesigen Blätter suchen ihresgleichen und ich bin endlos stolz, dieses Exemplar so großgezogen zu haben. Jeder Mensch, der mein Zuhause betritt, bleibt vor ihr stehen und staunt. Ich kann das verstehen! Die gesprenkelte, cremefarbene Panaschierung auf dunkelgrünem Laub ist edel und dramatisch zugleich. Es gibt kaum Vergleichbares.

Und dabei ist sie genügsam. Helles, indirektes Licht und ein paar direkte Sonnenstrahlen erwünscht (im Winter kommt bei mir eine Pflanzenlampe zum Einsatz)! Regelmäßig füttern und gelegentliche Duschparties, um die großen Blätter staubfrei zu halten, nicht vergessen. That's it. Selbst ans Substrat stellt sie keine besonderen Bedingungen, freut sich jedoch, wenn du ihr einen humusreichen Mix bastelst, den du auf Seite 23 findest. Da meine „Monsti" als kleines Pflänzchen eingezogen ist und mittlerweile eine stattliche Größe erreicht hat, trotz ungünstiger Lichtverhältnisse, sollte man meinen, dass ihr der Mix schmeckt.

Die langen Luftwurzeln deiner Monstera kannst du übrigens einfach ins Substrat führen. Dort entwickeln sie sich dann zu normalen Wurzeln weiter, geben der Pflanze Halt und zusätzliche Versorgung.

Monstera deliciosa sind Klassiker, der Inbegriff der Zimmerpflanzenkultur, der Oldie in der Pflanzensammlung und das mit Recht. So viele Jahrzehnte eine breite Masse für sich zu begeistern, muss eine Pflanze erstmal schaffen. Und wenn ich dich jetzt immer noch nicht überzeugt hab, dann blättere mal um.

WEITERE *MONSTERA DELICIOSA*

MONSTERA DELICIOSA | "BIG FORM"

Jeder sollte eine haben (Bild oben links). Ich sage es nochmal: jeder. Die ganz normale, grüne Variante mit großen Blättern, die Mutter der ganzen fancy Sorten heute. Sie ist und bleibt die Königin unter den Monsteras und ist nahezu unkaputtbar. Das Ziel ist natürlich hier, die größtmöglichen Blätter zu kultivieren! Weil, was Beeindruckenderes gibt es? Genau, nichts!

MONSTERA DELICIOSA 'AUREA' (SYN. 'MARMORATA')

Die gelb-panaschierte Variante (Bild oben rechts)! Gibt es übrigens auch als nur kletternde Sorte der var. *borsigiana*. Ich weiß, alles sehr verwirrend und wenn die meisten Shops nicht mal die richtigen Bezeichnungen verwenden, wird's völlig undurchsichtig. Ärgerlich, wenn man eine *deliciosa* haben wollte, aber mit einer var. *borsigiana* nach Hause geht. Hier müssen leider noch viele Händler dazulernen. Bis dahin heißt es: Augen auf beim Monstera-Kauf. Welche man lieber mag, ist reine Geschmacksache. *M. deliciosa* 'Aurea' ist nicht nur seltener, sondern auch etwas schwieriger zu halten. Die gelbe Panaschierung neigt bei unzureichendem oder übermäßigem Licht zum „Knuspern", bei zu viel oder zu wenig Wasser auch - braune Flecken sind häufig! Feingefühl ist angesagt – ich empfehle dir, erst mal mit einer 'Albo' zu üben, bevor du dich an diese Schönheit wagst.

MONSTERA DELICIOSA 'MINT'

Der Name ist Programm (Bild unten links). Nach wie vor hält sich in der Plantcommunity die Aussage, dass es die Sorte nicht gibt und sie nur eine Variante der weißen Panaschierung ist. Dennoch sind mittlerweile viele *Mints* im Umlauf, die sowohl eine stabile Panaschierung haben und sich auch stabil vermehren lassen, ohne, dass das klassische Muster mit klarem Grün und Weiß wieder durchkommt. Viele Jahre habe ich mich gewehrt – nun habe ich auch eine in meiner Sammlung.

MONSTERA DELICIOSA VAR. BORSIGIANA 'ALBO VARIEGATA'

Mit ihr hat der Hype vor einigen Jahren angefangen (Bild unten rechts). DIE panaschierte Monstera. Strahlend weiße Panaschierung mit mintgrünen Abstufungen auf dunkelgrünem Laub. Horrende Preise waren für einen Steckling angesagt! Noch schwieriger, überhaupt seine Hände auf einen Teil dieser Pflanze zu bekommen.

Im Gegensatz zur echten *deliciosa* übrigens, bekommt die var. *borsigiana* nicht ganz so große Blätter. Zudem unterscheidet sie sich durch die großen Blattabstände und den eindeutigen Wunsch zu klettern. Sie will schnell hoch hinaus und wird zügig groß. Ansonsten unterscheidet sie sich in der Pflege aber kaum. Nur für Thripse ist sie leider sehr anfällig!

HIER EIN PAAR MEINER LIEBSTEN MONSTERA-ARTEN

Monstera adansonii 'Variegata'

KAUM EINE PFLANZE hat so einen Aufstieg und Fall hinter sich! Vom Holy Grail zum Grabbeltisch und das innerhalb von einem Jahr. Ein absoluter Wahnsinn für alle Sammler, die investiert haben! Trotzdem ist sie für mich eine der schönsten und einfachsten Monsteras überhaupt. Absolut anfängertauglich und ein richtiger Blickfang. Auch die nicht-panaschierte Variante ist eine easy Zimmerpflanze, die sowohl rankend als auch kletternd eine tolle Figur macht, und in der Pflege unterscheiden sie sich kaum.

STANDORT: Diese Monstera-Sorte sollte sehr hell stehen, damit sie ihre schöne, weiße Panaschierung halten kann. Ein paar direkte Sonnenstrahlen am Morgen oder Abend gefallen ihr und verhindern ein Vergrünen, Mittagssonne solltest du allerdings vermeiden.

CAREGUIDE: *Monstera adansonii* ist sehr durstig und hungrig. Dünge also regelmäßig und gieße, sobald die obersten paar Zentimeter des Substrats ausgetrocknet sind. Auch in Selbstbewässerung fühlt sie sich sehr wohl. Die Vermehrung klappt problemlos mit Stecklingen. Möchtest du schöne, große Blätter haben, ist ein Moosstab zum Klettern ratsam. Achtung: sehr hohe Luftfeuchtigkeit führt schnell zu braunen Flecken auf panaschierten Blattteilen.

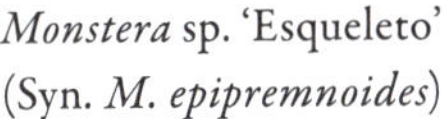

Monstera sp. 'Esqueleto'
(Syn. *M. epipremnoides*)

DIE GROSSE SCHWESTER der *M. adansonii*. Zumindest was das Aussehen betrifft. Extrem große Fenestration in den locker, fast wie große Lappen herunterhängenden Blättern erwarten dich im adulten Stadium. Ein bisschen Alien-like, aber genau das fasziniert mich so sehr.

STANDORT: Hell, ohne direkte Sonne, Halbschatten funktioniert, führt aber zu kleinen Blättern.

CAREGUIDE: Easy und unkompliziert, aber leider ein Thripse-Magnet. Ständige Kontrolle vorprogrammiert. Ansonsten halte dich an die Tipps für *M. adansonii*.

Monstera 'Burle Marx's Flame'

ELEGANT geschwungene, lange Schlitze in ledrigen, steifen Blättern, ähnlich einer Flamme. Hach! Geduld ist aber eine Tugend, wie du weißt, und hier ganz besonders! Extremer Slow-Grower, der das Warten auf die tollen Blätter fast unerträglich macht.

STANDORT: Hell, hell, hell! Aber bitte nicht verbrennen lassen.

CAREGUIDE: Nicht austrocknen lassen, gut ins Futter stellen. Moosstab zum Klettern geben, sobald die Pflanze es zeigt – sinnvoll, um dieser Schnecke hier einen Schubs zu verpassen! Allgemein ähnliche Ansprüche wie *M. deliciosa*.

PANASCHIERTE BANANE

MUSA X PARADISIACA 'AE AE'

QUICK CARE

Sehr durstig, sehr hungrig
Lockeres, humoses Substrat
Sehr schnell wachsend
Heller bis absonniger Standort, ohne Mittagssonne
Vermehrung durch Kindel

Jahrelang bin ich um diese Pflanze geschlichen, habe mir einen Dupe (Doppelgänger) nach dem nächsten gekauft, weil der Ruf ihr vorauseilt: kompliziert, ständige Wurzelfäule, braune Blätter.

Was soll ich sagen? Die ganze Angst – völlig umsonst! *Musa* 'Ae Ae' wächst zuverlässig und verzeiht kleine Pflegefehler. Nicht ansatzweise ist sie die Zicke, als die sie die Bühne der Plantcommunity betreten hat. Gib ihr einen großen Topf mit durchlässigem, aber humosen Substrat und sie wird dir ein Blatt nach dem anderen schenken.

Licht kann sie kaum genug bekommen, aber auch hier rate ich von praller Mittagssonne ab. Bei entsprechenden Temperaturen freut sie sich über einen Sommer auf dem Balkon und bedankt sich mit einem Wachstumsschub ohnegleichen. Und der macht bei dieser einzigartigen Panaschierung richtig Spaß.

Und da sind wir auch schon bei der einzigen Downside, meiner Meinung nach. Sie wächst wie Sau. I mean it. Du hast keinen Platz? Dann kaufe dir diese Pflanze nicht! Du hast vielleicht ein paar Monate Freude daran, aber mein Exemplar ist nach nicht mal einem Jahr schon so riesig … sie passt in kein Terrarium.

Das Thema Luftfeuchtigkeit machte im World Wide Web auch die große Runde … auch hier kann ich nichts bestätigen. 50 % normale Raumfeuchtigkeit, die auch Mensch und Tier guttut, ist absolut ausreichend.

Gelegentlich treten Spinnmilben auf. 'Ae Ae' zeigt meiner Erfahrung nach aber sehr schnell, wenn es ihr nicht gut geht. So siehst du sowohl Schädlinge als auch Wassermangel beispielsweise, bevor ernsthafte Schäden aufkommen können.

Pflanzen sind wie Freunde. Mit der Zeit kennt man ihre Macken, weiß mit diesen umzugehen und genauso gut kennt man ihre Vorlieben. Der Weg dahin besteht aus Kennenlernen, Beobachten, Aktion und Reaktion.

Toni

SAUERKLEE
Oxalis triangularis

RHIZOME dieser purpurnen Schönheit kannst du dir schon für ein paar Euro kaufen. Mit etwas Erde, Wasser und Geduld hast du in kürzester Zeit eine wunderschöne Pflanze, die dir obendrein im Sommer noch filigrane rosa Blüten schenkt. Ein Traum!

STANDORT: Absonnig, dann werden die Blätter schön groß! Pralle Sonne wird nicht vertragen.

CAREGUIDE: Braucht anständig Wasser, darf aber nicht schwimmen. Im Herbst mit deinen anderen Knollen schlafen legen, dann wird die Pflanze im nächsten Frühjahr noch buschiger.

ZWERGPFEFFER
Peperomia argyreia

WASSERMELONEN-OUTFIT herrscht bei *Peperomia argyreia!* Eine meiner ersten und liebsten Pflanzen und ein totaler Hingucker mit diesem einzigartigen Blattmuster.

STANDORT: Kann Sonne und Halbschatten, macht sich richtig toll auf einem Regal.

CAREGUIDE: Gießen, wenn die Blätter leicht labberig werden, vorher nicht. Kann übrigens durch Blattstecklinge vermehrt werden. Graue und braune Flecken lassen auf Thripse schließen, Blattunterseite checken!

BAUMFREUND, PHILODENDRON
PHILODENDRON BILLIETIAE 'VARIEGATA'

QUICK CARE

Morgen- oder Abendsonne, sonst hell und indirekt
Durstig, kann aber Trockenphasen wegstecken
Luftfeuchtigkeit nahezu egal
Gut im Futter halten
Vermehrung durch Stecklinge (dafür muss man Mut haben, die Internodien sind sehr klein! Gammelgefahr)

DER Holy Grail. Zumindest für mich. Jahrelang habe ich von dieser Pflanze geträumt, sie stets bei Freunden und bekannten Growern bewundert. Immer musste ich sie stehen lassen. Bis der Tag X kam! Und damit hörte irgendwie auch meine Begeisterung für Rare Plants auf und ich begann mich wieder für Kakteen, Karnivoren und Orchideen zu interessieren.

Mein „Billie" ist mit Abstand die größte Rarität in meiner Sammlung. Besonders freut mich, dass ich ihn nicht von irgendwem gekauft habe, sondern von einem Freund, der mir Jahre zuvor mal versprach, dass ich irgendwann einen von ihm bekommen würde. Die Pflanze ist also nicht nur meine Wishlistplant Nr. 1, sondern hat auch einen großen ideellen Wert für mich.

Die Panaschierung des *Philodendron billietiae* 'Variegata' ist ganz besonders. Cremegelbe Flecken auf dunkelgrünen, glossy-ledrigen Blättern. Achtung, die gelben Partien sind sehr empfindlich! Braune Flecken hier und da lassen sich kaum vermeiden. Es gibt Forschungen zum Verhalten der *Aurea*-Panaschierung, genaue Erkenntnisse allerdings noch nicht.

Ansonsten eine Pflanze, die einfacher nicht sein könnte! Das gilt übrigens auch für die rein grüne Form. Wenn das Wachstum stagniert, umtopfen. Regelmäßig düngen ist wichtig.

Wenn Billie auf Diät ist, beschwert er sich schnell mit kleinen Blättern. Verzeiht aber und wächst dann einfach wieder größer und normal weiter, sobald frisches Futter vorhanden ist.

Halbschattige Standorte werden bei hohem Grünanteil locker toleriert, helle Panaschierung freut sich aber über Sonne am Morgen oder Abend! Sprich, hast du einen grünen Billie, steckt er das locker weg, ein panaschierter sollte aber heller stehen.

NOCH MEHR PHILODENDREN: DIE SAMT-EDITION

PHILODENDRON GLORIOSUM

Imposant wie eh und je! Dieser kriechende Philodendron (Bild oben links) wächst schnell und zuverlässig – mit einer kleinen Pflanze bist du also gut beraten, der Platzmangel kommt bestimmt! Dennoch eine Art, die jeder zu Hause haben sollte. Die matt-samtig wirkenden Blätter mit weißer Nervatur sind hinreißend und ein Blickfang sondergleichen. Einzeln gestellt und am besten erhöht: unschlagbar! Ein länglicher Topf ist ein Muss, damit dein „Glori" ungehindert kriechen kann. Dabei sollte der Spross immer über der Erde sein. Ansonsten brauchst du lediglich regelmäßige Düngergaben und ein gutes Auge, um Spinnmilben und Thripse im Blick zu haben.

PHILODENDRON RUBRIJUVENILE (SYN. 'EL CHOCO RED')

Der Name ist Programm (Bild oben rechts)! Wenn der *P. verrucosum* rot ist, ist die Blattunterseite des „El Choco" loderndes Feuer und der Inbegriff von sexy plant. Die Oberseite ist bräunlich-kupferfarben und erhärtet zu einem wunderschönen, matten Dunkelgrün mit heller Nervatur. Auf Fotos sieht er immer edel aus! Und abgesehen vom Durst, ist er leicht zu handhaben. Ein absonniger Standort, eine Luftfeuchtigkeit bei 50 % und regelmäßiges Umtopfen vorausgesetzt, wirst du an dieser Pflanze sehr viel Freude haben.

PHILODENDRON MELANOCHRYSUM

Wer diesen Philodendron (Bild unten links) im adulten Stadium gesehen hat weiß, dass es sich lohnt, darauf hinzuarbeiten. Die langen, tiefgrünen Blätter können eine beachtliche Größe erlangen und das auch im Wohnzimmer! *Melanochrysum* bedeutet übersetzt übrigens schwarzgold – eine schöne Bezeichnung für die Blattfarben. Gedeihen wird er dir am besten in hoher Luftfeuchtigkeit, denn die Blätter neigen beim Entrollen zum Reißen. Direkte Sonne und Austrocknen des Ballens solltest du unbedingt vermeiden, sonst folgt vorzeitiger Blattwurf. Dennoch kannst du hier dein Fingerspitzengefühl üben, denn kleine Fehler machen dieser Schönheit nichts aus.

PHILODENDRON VERRUCOSUM

Wunderschöner kletternder *Philodendron*, der eine tolle rote Blattunterseite hat (Bild unten rechts). Im Alter fallen die Blätter fast wie samtiger Stoff – ein Traum! Schwierig ist hier die Vermehrung, überlege dir also gut, ob du schneidest. Die Verlustrate kann hoch sein oder zumindest dauert es seine Zeit, bis die Stecklinge wurzeln. Auch hier ist Vorsicht vor Thripsen angesagt. Kontrolliere also regelmäßig. Ein Rankstab, bevorzugt aus Moos, sorgt für ein stetiges Vergrößern der Blätter.

Philodendron erubescens 'Pink Princess'

EINE TOLLE ABWECHSLUNG bringt dieser Philo mit seiner sehr unterschiedlich auftretenden, pinken Panaschierung auf fast schwarzem Blatt. Die aufrechte, starre Wuchsform ist allerdings Geschmacksache.

STANDORT: Hell, ohne direkte Sonne, dunkle Blattteile verbrennen gerne und schnell.

CAREGUIDE: Feucht halten und mäßig düngen, hohe Luftfeuchtigkeit, um Blatt-Yoga (Blätter stecken fest und beugen sich) beim Entrollen zu vermeiden, Kletterhilfe nötig für Stabilität und größere Blätter, sehr anfällig für Thripse.

Philodendron atabapoense

SUPER ELEGANTER VERTRETER mit länglichen Blättern: Dunkelgrün trifft Bordeauxrot wie ein sexy Unterrock. Absoluter Hingucker.

STANDORT: Kann dunkler stehen und beschwert sich nicht, nur die Blätter bleiben dann kleiner.

CAREGUIDE: Gelegentlich treten Thripse auf; ansonsten Kategorie „kann man mal vergessen und verzeiht und hat keine besonderen Ansprüche". Kletterhilfe erwünscht. Halbschatten optimal für eine kräftige Farbe. Achtung: Oft werden *P. billietiae* fälschlicherweise unter dem Namen verkauft!

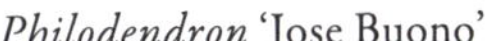

Philodendron 'Jose Buono'

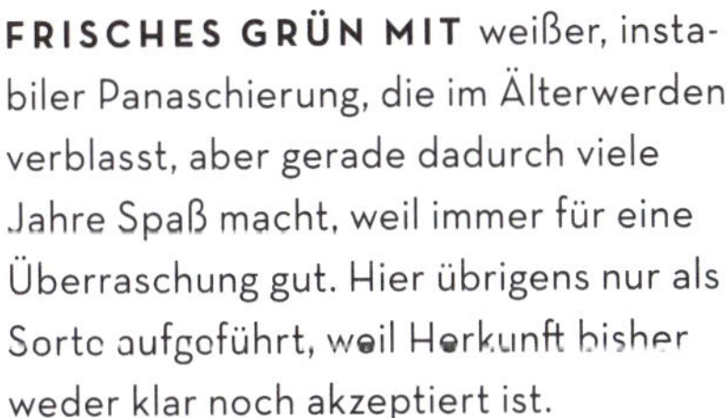

FRISCHES GRÜN MIT weißer, instabiler Panaschierung, die im Älterwerden verblasst, aber gerade dadurch viele Jahre Spaß macht, weil immer für eine Überraschung gut. Hier übrigens nur als Sorte aufgeführt, weil Herkunft bisher weder klar noch akzeptiert ist.

STANDORT: Hell, mit Sonne am Abend oder Morgen, mittägliches Braten bitte vermeiden.

CAREGUIDE: Rankstab im Alter notwendig, mittlerer Nährstoffbedarf, nicht austrocknen lassen – kriegt schnell gelbe Blätter bei Durst, anfällig für Thripse.

Philodendron hederaceum

NAHZU UNKAPUTTBAR. Wächst selbst bei niedrigen Temperaturen, wenig Licht und Liebe – eine super Alternative zur Efeutute. Rankend oder kletternd sehr schön. Es gibt zahlreiche Sorten von neongrün über gestreift ('Rio' & 'Brazil') bis samtig ('Micans').

STANDORT: Wo auch immer, Hauptsache etwas Licht. Kandidat für schwierige Ecken.

CAREGUIDE: Gießen, wenn die Blätter hängen, ansonsten ein richtiges „Brett", kaum anfällig für Schädlinge, leichte Vermehrung per Steckling, absolut anfängergeeignet.

UND NOCH MEHR PHILODENDREN: HYBRID-EDITION

PHILODENDRON 'DEAN MCDOWELL'

Eine Kreuzung aus *Philodendron pastazanum* und *gloriosum* (Bild oben links). Kriechender Philo mit herzförmigen, frischgrünen, matten Blättern, die riesig werden können. Die Falten, die die Blätter schlagen, bringen richtige Kissen-Optik und Tiefe. Benannt hat ihn sein Züchter John Banta nach seinem verstorbenen Freund – es gehört für mich also zum guten Ton, respektvoll immer den ganzen Namen zu nennen und ihn nicht abzukürzen, wie es viele tun.
Helles, indirektes Licht braucht dein 'Dean McDowell', denn es beeinflusst meiner Erfahrung nach die Helligkeit der Blätter. Direkte Sonne wird allerdings, wie so oft, nicht vertragen.
Ein länglicher Topf ist hier ein Muss. Solange du die Spinnmilben im Blick hast, verzeiht er selbst massive Fehler und ist ein super „Übungsobjekt" für frische Plantparents.

PHILODENDRON 'MAJESTIC'

Nicht von schlechten Eltern (Bild oben rechts)! *Philodendron sodiroi* und *Philodendron verrucosum* hatten hier ihre Blätter ihm Spiel – unschwer zu erkennen. Leicht silbriges Camouflage in samtiger Optik und rötliche Blattunterseiten. Die besten Merkmale beider Elternteile in einer Pflanze vereint. Majestätisch, möchte man meinen, und schnell ist klar, wie der Name entstand. *Philodendron* 'Majestic' wächst easy und regelmäßig vor sich hin, ohne großes Zutun. Lass ihn klettern, um noch größere Blätter zu bekommen und nicht austrocknen. Gelegentliches Umtopfen macht auch Sinn. Das war's. Einfach oder?!

PHILODENDRON 'SPLENDID'

Wuchsfreudigkeit des *Philodendron verrucosum* gepaart mit der Eleganz des *Philodendron melanochrysum* (Bild unten links und unten rechts). Ein absoluter Kracher! Wenn ich mich für einen Hybriden entscheiden müsste, dieser wär's. Sehr schnell im Wachstum und mit jedem Rankstab zufrieden, Hauptsache er kann klettern. Splendid heißt übrigens „prächtig", macht Sinn, oder? Absolut anfängertauglich und auch hier ist die Devise „Standard-Philo-Pflege" angesagt: morgens oder abends ein bisschen Sonne, helles, indirektes Licht, nicht austrocknen lassen und mäßig bis hoch düngen. Das regelmäßige Hochbinden ist hier die anstrengendste Aufgabe.

Fun Fact
Bei der geschlechtlichen Vermehrung (über Samen), kann eine Kreuzung immer anders aussehen, als bei der Vermehrung durch einen Steckling, obwohl die Eltern gleich sind.

UFOPFLANZE

PILEA PEPEROMIOIDES

QUICK CARE

Anfängerpflanze
Helles, indirektes Licht
Mäßige bis hohe Luftfeuchtigkeit
Nicht austrocknen lassen
Eher engen Topf wählen
Gelegentlich drehen
Vermehrung durch Kindel

Würdest du mir glauben, wenn ich dir sage, dass Sammler für eine *Pilea* vor Jahren noch einen ganzen Batzen Geld auf die Theke gelegt haben? Ich habe damals verzweifelt versucht, meine Hände an ein Exemplar zu bekommen, aber es war nahezu aussichtslos und vor allem kaum bezahlbar. Ein paar Monate später fielen die Preise wegen der leichten Vermehrung in den Keller, und meine Mama schenkte mir meine erste Ufopflanze. Ich habe sie heute noch und liebe sie über alles.

Sie ist mit ihren tellerförmigen Blättern etwas ganz Besonderes, sehr strukturstark und ein Hingucker auf jedem Regal. Mittlerweile gibt es auch panaschierte Sorten, falls das durchgehend grüne Laub dir mal langweilig werden sollte.

Eine super einfache Pflanze, die schädlingsresistent ist und Pflegeschlamassel wegsteckt, als wäre es normal, und fleißig Kindel treibt, wenn es ihr gut geht – ein tolles Geschenk für Freunde und Familie.

Der perfekte Ort ist bei mir das Badezimmer, die *Pilea* steht nämlich gerne in höherer Luftfeuchtigkeit und freut sich über helles, indirektes Licht. Gelegentliches Drehen sorgt für einen schönen, gleichmäßigen Wuchs. Und wenn der Stamm unten durch Blattfall im Alter vergreist, lass einfach ein paar Kindel im Topf heranwachsen und schon ist das Problem kaschiert.

***Pilea* wachsen schnell und zuverlässig,** du kannst also ruhigen Gewissens eine Babyplant kaufen und sie in kurzer Zeit zu einer stattlichen Pflanze machen. Einer Pflanze beim Wachsen zuzuschauen macht doch eh viel mehr Spaß, oder!?

GEWEIHFARN

PLATYCERIUM

QUICK CARE

Feucht halten, häufiges Duschen erwünscht
Blätter niemals abreiben
Keine direkte Mittagssonne oder Schatten
Mittlerer Nährstoffbedarf
Leicht saures Substrat

Ich liebe, liebe, liebe Geweihfarn! Leider haben bisher nur wenige Arten den Weg in unsere Wohnzimmer gefunden – bei mir sind es nur drei. Bisher. In Asien ist das Sammeln ein Riesending und überall sieht man spektakuläre und seltene Exemplare Häuserwände zieren.

In der Natur lebt *Platycerium* epiphytisch, also auf Bäumen. Damit das funktioniert, ist eine hohe Luftfeuchtigkeit mit entsprechenden Niederschlägen ein Muss für die Versorgung der Pflanze. Willst du dies also zu Hause nachstellen, kannst du deinen Geweihfarn auf Holz aufbinden, musst ihn aber sehr viel häufiger duschen, als du ihn im Topf wässern müsstest.

Vielleicht ist dir schon aufgefallen, dass die graugrünen Blätter einen filzigen Belag haben. Diesen solltest du niemals entfernen oder gar abreiben, er schützt das Laub vor dem Austrocknen.

Eine weitere Besonderheit sind die Nischenblätter, die allein der Nährstoffaufnahme dienen. Sie werden mit der Zeit braun und sterben ab, sind aber ein wichtiger Humuslieferant und sollten nicht entfernt werden.

Damit dein Geweihfarn prächtig gedeiht, solltest du Schatten und pralle Sonne vermeiden, den Farn niemals austrocknen lassen und dafür sorgen, dass er mit leicht saurem Substrat versorgt ist. Orchideenerde ist die einfachste Lösung, solltest du ihn ganz normal im Topf kultivieren.

Eine Vermehrung funktioniert am besten über zusätzliche Triebe, die sich an den Nischenblättern bilden. Die kannst du einfach abtrennen und eintopfen. Die Vermehrung über Sporen ist zwar möglich, aber wirklich schwierig und langwierig.

Schädlinge treten eher selten auf. Schildläuse können aber sehr hartnäckig sein, wenn einmal vorhanden.

GEFLECKTE EFEUTUTE

SCINDAPSUS PICTUS

QUICK CARE

Anfängerpflanze
Heller, absonniger Standort
Gießen, wenn nötig
Düngen von Frühling bis Herbst
Vermehrung durch Stecklinge

Scindapsus einen Ehrenplatz in diesem Buch zu geben und *Epipremnum aureum* nicht, ist gewagt, ich weiß. Die Gefleckte Efeutute hat aber einen besonderen Platz in meinem Herzen. Erstens, weil mein Exemplar ein Geschenk meiner Familie war und ich sie deshalb allein über alles liebe. Zweitens, weil diese Pflanze in den ganzen Jahren, die ich sie besitze, nicht einen Mucks gemacht hat. Sie stand hell, sie stand dunkel, sie stand trocken und auch nass. Wurde ewig nicht umgetopft, runtergeschnitten, weil zu lang - und niemals hat sie sich beschwert. Kein Blatt hat sie verloren, keinen Schädling gehabt und ist trotz allem immer genügsam vor sich hingewachsen. Das schreit nach erster Platz in der Kategorie „Kann alles".

Möchtest du deine *Scindapsus pictus* zum Strahlen bringen, solltest du ihr ein helles bis halbschattiges Plätzchen bieten, damit sich die tolle silberne Zeichnung auf den matten, samtigen Blättern auch ordentlich ausbildet. Ich gieße, wenn die obersten 2 cm des Substrats trocken sind (zumindest versuche ich es, aber es gab definitiv schon lange Dürreperioden in der Lebenszeit meiner Pflanze). Ein eindeutiges Zeichen, dass *Scindapsus* durstig ist, sind einrollende Blätter. Spätestens dann solltest du zur Gießkanne greifen.

Ansonsten stellt deine Gefleckte Efeutute keine Ansprüche, weder ans Substrat (mein Mix gefällt ihr aber definitiv sehr gut) noch an die Wuchsweise. Du kannst sie hängend oder auch kletternd kultivieren. Beides hat seinen Reiz!

Es gibt mittlerweile tolle weitere Sorten, panaschierte Varianten und andere Raritäten in der Gattung. Sammelfieber vorprogrammiert.

MONDSAMENPFLANZE

STEPHANIA PIERREI (SYN. S. ERECTA), STEPHANIA KAWESAAKII

QUICK CARE

Herausforderung!
Helles, indirektes Licht, absonnig
Durchlässiges Sukkulentensubstrat
Wenig Wasser, fast gar keins in der Ruhephase

Stellvertretend für eine weitere meiner Lieblingskategorien aus der Pflanzenwelt, den Caudex-Pflanzen, darf auch diese sukkulente Schönheit nicht fehlen. Die deutsche Bezeichnung Mondsamenpflanze, abgeleitet von der Familie der Mondsamengewächse, der *Stephania* angehört, finde ich übrigens äußerst entzückend, weil irgendwie sieht sie auch aus, wie nicht von dieser Welt.

Der fragile Spross, geziert mit rundem, zartem, dunkelgrünem Laub mit weißen Blattadern, macht wirklich was her und sieht gut inszeniert super edel und grazil aus – mehr Deko als Pflanze. Lieben wir!

Dennoch ist *Stephania* nicht ganz einfach! Die Knolle zum Treiben zu bringen, ist vielleicht das Schwierigste und kann mitunter Wochen dauern. Ausdauer ist hier das Rezept. Pflanze die Knolle nur etwa zu einem Viertel ein, halte die Erde feucht und warte geduldig. Hast du den Dreh einmal raus und den richtigen Standort gefunden, wird deine Mondsamenpflanze dich jede Saison mit Blüten und Blättern beschenken. Am besten gedeihen *Stephania pierrei* und auch *Stephania kaweesakii* in durchlässiger, nährstoffarmer Erde in einem eher flachen Topf. Zu Hause in Thailand wächst sie nämlich auf Torfböden.

Wunder dich nicht, wenn deine *Stephania* im Winter mal gar nicht wächst oder gar das komplette Laub verliert. Das leitet die Ruhephase ein und ist ein ganz natürlicher Prozess. Gieße von nun an nur noch ganz wenig bis gar nicht und stelle die Knolle etwas dunkler, bis sie wieder austreibt.

Direkte Sonne solltest du grundsätzlich vermeiden, die zarten Blätter verbrennen schnell. Ein weiteres No-Go für deine *Stephania* ist Staunässe. Die Knollen sind gammelempfindlich und sollten auch nie mit Wasser übergossen werden.

PURPURTUTE

SYNGONIUM PODOPHYLLUM

QUICK CARE

Anfängerpflanze
Helles, indirektes Licht
Mäßige Temperatur
Nicht austrocknen lassen
Kalkarmes Wasser und leicht saures Substrat bevorzugt
Regelmäßig tiefer topfen, neigt zum Verkahlen
Vermehrung über Stecklinge

Auch eine meiner ersten Rare Plants – damals die weiß-panaschierte Sorte und seither nicht mehr aus meiner Sammlung wegzudenken. Mein persönlicher Liebling ist allerdings die dreifarbige *S. podophyllum* 'Red Spot Tricolor', die ihr hier seht. Besonderheit, wie auch bei anderen Vertretern aus der Familie der Aronstabgewächse, wie Philodendron, Monstera und Co.: Die Blätter sehen im adulten Stadium ganz anders aus als bei einer Jungpflanze. Das pfeilförmige Laub bekommt dann tiefe Einschnitte und teilt sich 3- bis 11-fach, bei guter Pflege. Absolut genial und ein völlig anderer Look.

Die Pflege der Purpurtute gestaltet sich sehr easy. In leicht saurem Substrat mit einem Rankstab kann sie schnell Höhen bis 2 m erreichen. Damit sie diese Marke knackt, solltest du dein *Syngonium* nicht austrocknen lassen und regelmäßig düngen. Eine hohe Luftfeuchtigkeit ist auch zuträglich, aber nicht zwingend notwendig. Wenn du also einen Platz im Bad hast, prima – wenn nicht, auch kein Drama. Ich kultiviere alle Syngonien ganz normal im Raum und habe, bis auf minimal schnelleres Wachstum, keinerlei Unterschied feststellen können.

Zudem kann man ein *Syngonium* super reanimieren. Heißt, solltest du mal wieder die Gießrunde verpennt haben, zwicke die gelben Blätter ab, still ihren Durst und deine Purpurtute wird sich rasch regenerieren. Eine super Anfängerpflanze in meinen Augen.

Achtung: Syngonien werden gerne von Thripse befallen. Gerade in den unausgerollten Blättern verstecken sie sich sehr gerne. Halte die Augen offen und öffne zur Not mal ein eingerolltes Blatt, solltest du den Verdacht haben, dass dein Liebling unter einem Befall leidet.

LUFTPFLANZEN – *TILLANDSIA*

Pflegeleicht, pflegeleichter, *Tillandsia*. Darüber geht nichts! Sie brauchen Luft, Liebe und ein gelegentliches Bad. Bist du oft auf Reisen oder hast nicht so viel Lust, dich mit Plantcare zu beschäftigen, dann ist das ist deine Pflanze!

Tillandsia brauchen kein Substrat und somit keinen Topf, deshalb benutze sie gerne als „Lückenfüller" in Regalen, oder hänge sie in leere Ecken deiner Terrarien – sie eignen sich super, um Kabel verschwinden zu lassen!

Viele Tillandsien kommen aus feuchtwarmen Gebieten, eine hohe Luftfeuchtigkeit danken sie dir also. Sobald sich das Laub einrollt oder gräulich färbt, ist es aber Zeit für mehr. Werfe dann einfach alle Luftpflanzen für eine halbe Stunde in eine Schüssel mit abgestandenem Wasser (oder direkt ins Waschbecken, sofern dein Wasser kalkarm ist!) und lasse sie baden. Besser ist natürlich Regenwasser. Abschütteln nicht vergessen! Es darf kein Wasser in der Blattrosette verbleiben, das mögen Tillandsien nämlich gar nicht.

Es sei denn, du hast es mit einer Trichter-Tillandsie zu tun?! Research is key, auch hier! Denn Luftpflanzen haben sehr unterschiedliche Standortansprüche. Sie reichen von sonnig und warm (graue *Tillandsia*) bis schattig und kühl (grüne *Tillandsia*), je nach natürlichem Lebensraum. Was daran aber toll ist? Selbst für dunkle Ecken gibt es die passende Art!

Alle vier Wochen gibt's Dünger für deine Lufthelden. Meiner ist zum Sprühen, du kannst aber auch Präparate benutzen, die dem „Badewasser" zugesetzt werden und so direkt alles in einem Abwasch erledigen.

Blüht deine *Tillandsia*, ist das zwar ein spektakuläres Ereignis, leider leitet dies aber auch das Ende deiner Pflanze ein. Mit Glück haben sich Kindel an der Basis gebildet, bevor deine Luftpflanze nach der Blüte stirbt, und du hast viele neue Plantbabies, um die du dich ab nun kümmern kannst.

DREIMASTERBLUME

TRADESCANTIA

QUICK CARE

Heller bis absonniger Standort, je nach Farbe
Mäßige Wassergaben
Gelegentliche Düngergabe von Frühling bis Herbst
Regelmäßiger Rückschnitt, um Verkahlen zu vermeiden
Vermehrung durch Stecklinge

Die Dreimasterblume, eine weitere erste Rare Plant von mir. Du lachst? Glaub mir, vor vielen Jahren waren die bunten Pflanzen noch selten anzutreffen und ich habe lang gesucht, bis ich meine Sammlung erweitern konnte.

Der Name Dreimasterblume bezieht sich übrigens auf die dreieckige Blütenform, die an die gleichnamige Hutform erinnert. Es gibt unzählige Arten, viele sind für die Zimmerkultur geeignet (meine Favoriten: *T. zebrina*, *T. pallida*, *T. fluminensis*), andere nur für den Garten. Einige zählen mittlerweile zu den invasiven Neophyten.

Dennoch bin ich ein Riesen-Fan der bunten Ampelpflanzen und nenne sie oft, wenn ich gefragt werde, mit welcher Pflanze man das Hobby starten sollte.

Deine *Tradescantia* stellt kaum Ansprüche, du kannst sie in fast jedem Substrat kultivieren, selbst in einer Vase mit Wasser wird sie dir gedeihen. Das spricht auch direkt dafür, dass die Vermehrung sehr einfach ist. Schneide Stecklinge und stelle sie in Wasser, schon nach mehreren Tagen wirst du die ersten Wurzeln sehen.

Gießen solltest du, wenn die oberste Schicht des Substrats ausgetrocknet ist, düngen kannst du während der Vegetationsperiode alle zwei Wochen, das reicht dicke.

Nach mehreren Jahren neigen *Tradescantia* zum Verkahlen, das heißt, die langen Triebe verlieren ihre Blätter und haben nur noch am Ende Laub. Um dies zu vermeiden, schneide kahle Triebe regelmäßig ab. An der Schnittstelle werden schnell neue Triebe austreiben und deine Pflanze wird schön buschig weiterwachsen. Ich benutze die Stecklinge auch gerne als Unterpflanzung für große Töpfe. Dazu bewurzele ich sie nicht mal, sondern stecke sie einfach in die Erde. Klappt wunderbar und sieht toll aus.

GLÜCKSFEDER, ZAMIOCULCAS

ZAMIOCULCAS ZAMIIFOLIA

QUICK CARE

- Anfängerpflanze und Luftreiniger
- Teilsonnig bis halbschattig
- Wenig gießen, fast durchtrocknen lassen, dann duschen (Staubfänger!)
- Wenig düngen und nur während der Vegetationsphase
- Vermehrung über Blattstecklinge oder Teilung

Von diesem aus Afrika stammenden Aronstabgewächs gibt es nur eine Art innerhalb der Gattung, sie zählt für mich zu den Evergreens der Pflanzenwelt. Ich finde sie nicht nur super schön und besonders, sie ist auch ein wahrer Alleskönner und streitet sich mit dem Bogenhanf regelmäßig um den Titel der „einfachsten Zimmerpflanze".

Die ZZ, wie sie häufig in der Community genannt wird, ist äußerst pflegeleicht und eignet sich deshalb ausgezeichnet für Räume, in denen man gelegentlich das Gießen vergisst, beispielsweise für Büros (bei mir ist es das Schlafzimmer!). Aber auch für Ecken, in die nicht besonders viel Licht kommt, denn damit gibt sie sich ebenfalls zufrieden – wächst nur langsamer.

Der einzige Feind ist Wasser! Vermeide Staunässe unbedingt und gieße lieber zu wenig als zu viel. Durchlässiges Substrat mit einem Anteil Blähton zum Beispiel und ein Topf mit großen Drainagelöchern ist die perfekte Wahl, um überschüssiges Gießwasser schnell loszuwerden, falls dir doch mal die Kanne ausgerutscht ist. Im Winter bekommen meine Glücksfedern höchstens alle paar Wochen ein Schlückchen. Ich sagte ja bereits: Der Titel einfachste Pflanze ist hart umkämpft!

Vermehren kannst du deine Glücksfeder über das Teilen der Knolle oder über Blattstecklinge. Nur Geduld musst du mitbringen, Zamioculcas ist nicht für Schnelligkeit bekannt!

Fun Fact. Wusstest du, dass die vermeintlichen langen Triebe eigentlich gar keine sind, sondern in Wirklichkeit sukkulente Blätter, mit kleinen Fiederblättchen? Wenn du die „Triebe" also zerschneidest, um deine ZZ zu vermehren, machst du Blattstecklinge und keine Stammstecklinge.

FLEISCH-FRESSENDE PFLANZEN

Fleischfressende Pflanzen, Karnivoren oder auch Insektivoren genannt, sind Pflanzen, die aufgrund ihres Vorkommens an Standorten mit wenig Nährstoffen die Evolution ausgetrickst haben. Sie sind fähig Insekten, teilweise sogar kleine Frösche oder gar Nagetiere, mit ihren Fangorganen zu erbeuten und schließlich zu zersetzen. Klingt wie aus einem Gruselfilm, ist aber eine faszinierende Laune der Natur, die nicht nur Forscher für viele Jahre beschäftigt hat.

Karnivoren sind im Kommen! Die Auswahl beschränkt sich zwar auf zwei Hand voll Gattungen, auf den Zimmerpflanzen-Messen wird die Präsenz aber immer größer und vor allem beliebter. Warum? Weils einfach cool ist! Das sind Pflanzen, die Insekten fangen, wer findet das denn bitte nicht absolut genial?

Ich finde sie nicht nur faszinierend, sie sind für mich auch eine Herausforderung! Und das liebe ich! Die meisten sind nicht ganz leicht in der Haltung, durch ihre doch besonderen Ansprüche, und sehr unterschiedlich.

Karnivoren haben sich nahezu auf allen Kontinenten entwickelt, viele wachsen nur genau dort, mal abgesehen vom Wohnzimmer.

Die bizarren Formen und Fangorgane sind eigentlich schon Grund genug, den „Fleischies" eine Chance zu geben neben den ganzen pompösen Blättern des Alltagsgrüns. Und wenn dir das noch nicht genug ist? Dann kann dich ja vielleicht überzeugen, dass sie bei der Schädlingsbekämpfung nützlich sein können.

Davon mal ganz abgesehen, gibt es viele Karnivoren, die sogar frosthart sind. Wenn der Platz drinnen also langsam knapp wird … warum nicht einfach ein Moorbeet mit fleischfressenden Pflanzen anlegen.

Grundlegend kann man sagen, dass die Pflege von Fleischies nicht zu verallgemeinern ist. Die Ansprüche sind wirklich sehr unterschiedlich und du solltest immer fleißig recherchieren, mit was für einer Pflanze du es zu tun hast, um ihren Ansprüchen gerecht zu werden. In den meisten Fällen bist du aber mit einer Haltung im Terra und kalklosen Wassergaben gut beraten.

FETTKRAUT

PINGUICULA

QUICK CARE

Anfängerpflanze
Je nach Art unterschiedlich!
Meistens hell bis absonnig, Halbschatten wird toleriert
Feucht halten, aber keine Staunässe
Bestenfalls mit Regenwasser von unten gießen
Kalk wird teilweise toleriert
Vermehrung je nach Art über Blattstecklinge, Stecklinge oder Winterknospen

Meistens denkt man bei Karnivoren zuerst an die Bekannten wie Kannenpflanze und Venusfliegenfalle. Und das Fettkraut wird oft vergessen! Völlig zu Unrecht! Gerade für Beginner ist *Pinguicula* die beste Wahl.

Das Fettkraut hat nicht nur wunderschöne Blüten und krasse hellgrüne Blätter, sondern ist auch im Verhältnis leicht in der Pflege sowie ein Superhelfer bei Trauermücken und Fruchtfliegen! Die lästigen kleinen Fliegen werden vom Duft und der Reflexion der Fangorgane (den Blättern) angelockt und bleiben schlicht und ergreifend kleben.

Ich bin ein Fanatiker der frischgrünen Blattrosette. Eine willkommene Abwechslung zu den ganzen dunklen, samtigen Blättern, die sonst meine Terrarien zieren. In der kalten Jahreszeit kann es übrigens sein, dass dein Fettkraut eine Winterrosette bildet oder, falls du dich für eine frostharte Variante entschieden hast, ein Hibernakel. Das sind kleine Überwinterungsknospen.

Feucht halten, aber nicht nass und in den Wintermonaten, wenn dein Fettkraut in die Ruhephase geht, die Wassergaben reduzieren. Ein nährstoffarmes Substrat für fleischfressende Pflanzen vorausgesetzt, gedeiht das Fettkraut sehr viel leichter in der Zimmerkultur als andere Karnivoren.

Übrigens gibt es auch Arten, die in unseren Graden heimisch sind und die im Garten kultiviert werden können. Achte beim Kauf also darauf, mit welchem Fettkraut du es zu tun hast.

Wunder dich nicht, wenn deine Karnivoren kaum Wurzeln haben. Das ist völlig normal. Da sie ihre Nährstoffe hauptsächlich über die Fangorgane aufnehmen, ist eine Nährstoffaufnahme über die Wurzelhaare erstens nicht nötig und zweitens ja in ihrer natürlichen Umgebung oft auch gar nicht möglich. Die Wurzeln dienen also hauptsächlich der Verankerung und dem Wassertransport.

KLASSIKER

VENUSFLIEGENFALLE
Dionaea muscipula

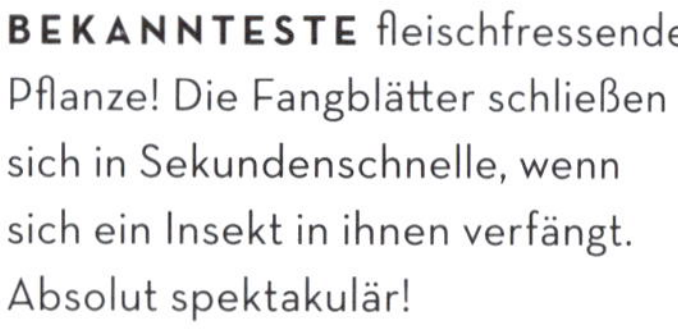

BEKANNTESTE fleischfressende Pflanze! Die Fangblätter schließen sich in Sekundenschnelle, wenn sich ein Insekt in ihnen verfängt. Absolut spektakulär!

STANDORT: Sonne, Sonne, Sonne! Die Fangorgane färben sich nur bei ausreichender Lichtzufuhr rot. Daran erkennst du auch gut, ob es sonnig genug ist.

CAREGUIDE: Kein Kalk! Gießen mit Regenwasser von unten. Staunässe erwünscht. Die Fangorgane nicht unnötig zum Schließen reizen.

SONNENTAU
Drosera

NEBEN DEN HEIMISCHEN ARTEN gibt es unzählige weitere, die sich auch super im Zimmer kultivieren lassen! Deine zweite Wahl im Kampf gegen Trauermücken oder Fruchtfliegen!

STANDORT: Sonnig und warm im Sommer, teilweise kühler im Winter, je nach Art.

CAREGUIDE: Mit Regenwasser von unten gießen, anstauen. Vermehrung durch Wurzelschnittlinge. Alte Blätter entfernen, hohe Luftfeuchtigkeit wichtig. Winterruhe bei einigen Arten empfehlenswert.

KANNENPFLANZE
Nepenthes

DIE SÜDOSTASIATISCHEN SCHÖNHEITEN kümmern sich liebend gern um Fliegen und Wespen und sind der Hingucker in Ampeln. Die Kanne ist übrigens das Blatt selbst! Grandios!

STANDORT: Je heller, desto besser, gerade Hochlandarten brauchen extrem viel Licht.

CAREGUIDE: Nicht austrocknen lassen, je nach Herkunft sind Temperaturschwankungen gewünscht oder nicht. Kalkfrei von unten gießen, hohe Luftfeuchtigkeit zuträglich.

Fleischies lassen sich in großen Schalen zu ganzen Karnivorenlandschaften kombinieren. Zusammen mit Moos ein Hingucker!

KAKTEEN & SUKKU-LENTEN

Für jeden Daumen gibt es die richtige Pflanze. Rate ich notorischen Übergießern zu fleischfressenden Pflanzen und Wassernabel *(Hydrocotyle)*, sind wir nun im Kapitel für die „Vergesser" angelangt. Kakteen und andere Sukkulenten sind deine Pflanzen, wenn du viel unterwegs bist, deine Fensterbänke vollsonnig und heiß sind und die Gießkanne bei dir eher Spinnweben ansetzt, als kontinuierlich die Runde zu drehen.

Sukkulent kommt vom lateinischen Wort *suculentus*, was „saftreich" bedeutet. Man unterscheidet zwischen Stamm-, Blatt- und Wurzelsukkulenz. Eines haben alle gemeinsam: Sie speichern Wasser – somit sind wir wieder beim Saft.

Ich habe zu Hause eine große Südfensterfront, die ungeeignet für einen Großteil meiner Pflanzen ist. Hier ist meine kleine Wüstenlandschaft zu Hause, denn Sukkulenten sind Sonnenanbeter und können mehrere Wochen ohne Wasser auskommen.

Im Sommer wohnen meine „Sukkus" draußen, ich kümmere mich dann gar nicht um sie – ernsthaft. Ich gieße nicht, ich dünge nicht, ich lasse sie monatelang in Ruhe. Mit ihren Speicherorganen sind sie bestens versorgt und Regen sorgt für Mineralien und Nährstoffe. Wöchentliche Düngergaben? Fehlanzeige. Auch wenn deine kleinen Wüstenbewohner natürlich ab und zu einen Boost brauchen, sind sie längst nicht so hungrig wie deine tropischen Pflanzen.

Auch Umtopfen musst du Sukkulenten kaum, sie wachsen sehr langsam. Allerdings solltest du sie immer in entsprechend speziellem Substrat und mit guter Drainage kultivieren. Stehende Nässe ist der K.O.-Faktor Nr. 1!

Ich halte meine Sukkulenten deshalb gern in Terrakotta, da dieser Wasser zieht und über die Zeit so hübsch mit Kalk anläuft. Eine perfekte Kombi zu Aloe & Co. und die grüne Interpretation von Shabby Chic.

Bei den meisten Sukkulenten ist eine kühle, aber helle Überwinterung mit wenig bis keinen Wassergaben maßgeblich für eine Blüte! Ein Wintergarten oder ein Vorflur mit 15 °C und viel Licht ist optimal. In dieser Zeit lässt du deine Sukkulenten am besten ruhen und beginnst erst mit steigenden Temperaturen im Frühjahr mit Umtopfen oder Vermehrung.

BOGENHANF

DRACAENA TRIFASCIATA (SYN. *SANSEVIERIA*)

QUICK CARE

Anfängerpflanze und Luftverbesserer
Teilsonnig bis halbschattig
Staunässe vermeiden!
Durchlässiges, mineralisches Substrat bevorzugt
Flache Töpfe eignen sich super (Rhizome wachsen knapp unter der Erde)
Vermehrung durch Stecklinge oder Teilung

Der umgangssprachlich auch „Schwiegermutterzunge" genannte Bogenhanf ist DER Alleskönner! Sollte es eine nahezu unkaputtbare Pflanze geben: her mit dem Preis! Bogenhanf ist extrem robust und kann wochenlang ohne Wasser sein! Er gedeiht in dunklen Ecken und beschwert sich weder über Zugluft noch über Rabeneltern.

Das Einzige, was dem Fels in der Zimmerpflanzen-Brandung das Genick bricht, ist Staunässe. Gieße also lieber zu wenig als zu viel und achte darauf, dass kein Wasser im Topf stehen bleibt.

Müßiggang gilt auch für Nährstoffe. Im Winter am besten nicht düngen, in der Wachstumsperiode darf mit halber Dosis oder mit Kakteendünger gefüttert werden.

Auch wenn *Dracaena trifasciata* viel aushält, gedeiht die afrikanische Wüstenschönheit am besten an einem warmen und sonnigen Ort und fühlt sich in grobem, durchlässigem Substrat am wohlsten. Ich fahre gut mit einem Mix aus Blähton und Kakteenerde.

Stichwort Snug. Dein Bogenhanf mag es eng und kuschelig, halte ihn in einem kleinen, flachen Topf und befreie ihn daraus erst, wenn dieser zu sprengen droht.

Vermehren kannst du deinen Bogenhanf einfach mit Blattstecklingen. Ich mache das immer, wenn mir etwas abbricht. Einfach am unteren Ende nachschneiden und in Wasser stellen: gibt ratzfatz Wurzeln. Achtung! Solltest du eine bestimmte Sorte vermehren wollen, musst du das Rhizom teilen, um die Merkmale zu behalten. Stecklinge treiben nämlich in der ganz „normalen" Art-Farbe aus.

Dracaena trifasciata gehört auch zu den Luftverbesserern, filtert Schadstoffe und ist deshalb eine optimale Büro- oder Schlafzimmerpflanze!

Angeblich wächst E. leuconeura besser in Gesellschaft, mein Exemplar steht deswegen zusammen mit anderen Vertretern der Gattung.

SPUCKPALME

EUPHORBIA LEUCONEURA

QUICK CARE

Anfängerpflanze
Absonniger bis halbschattiger Standort
Relativ hoher Wasserbedarf
Zugluft vermeiden
Durchlässiges Substrat, Staunässe vermeiden
Sukkulenten-Düngergaben in der Wachstumsperiode
Vermehrung durch Samen
Achtung: Der Saft aller Wolfsmilchgewächse ist giftig, Handschuhe tragen!

Euphorbien sind auffällig unterschiedlich in Farbe und Form – und Pflege!

Die wohl liebste meiner Sammlung ist mir *Euphorbia leuconeura*. Die „Spuckpalme" verdankt ihren Namen der Tatsache, dass sie ihre Samen durch die Gegend schleudert (Ballochorie), wenn sie reif sind. Solltest du also hier und da kleine Sämlinge deines Madagaskar-Juwels in anderen Töpfen finden, hat deine Mutterpflanze ganze Arbeit bei der Vermehrung geleistet.

Besonders reizvoll finde ich die Blattnervatur dieser Sukkulente. Ja, du hast richtig gelesen, es handelt sich hier nämlich nicht um eine Palme, sondern um eine im Stamm wasserspeichernde Pflanze! Gerade im jungen Alter sind die Adern schneeweiß und sehen todschick auf dem dunklen Laub aus.

Bemerkenswert ist auch die Schattentoleranz. Für dunkle Ecken oder Nordfenster eignet sich *Euphorbia leuconeura* bestens, denn direktes Sonnenlicht mag sie nur bedingt, und zusätzlich hat sie einen hohen Wasserbedarf für eine Sukkulente.

Steht sie etwas schattiger, trocknet sie nicht zu schnell aus und ist über längere Zeit bestens versorgt. Eine perfekte Beginner Plant! Dass es Zeit für Wasser ist, siehst du an leicht hängendem und nicht mehr ganz so straffem Laub.

Drehe deine Spuckpalme regelmäßig, damit sie schön gerade wächst, denn sie neigt sich der Lichtquelle stark entgegen und bekommt schnell „Schlagseite".

Meine erste *Euphorbia* war eine *E. tirucalli*. Ich nenne sie bis heute noch Stripselbaum und sie lebt nach wie vor in meinem alten Kinderzimmer. Weitere Lieblinge aus der Gattung sind für mich: *E. lactea* 'White Ghost', *E. trigona* & *E. eritrea* 'Variegata', um nur drei zu nennen.

ECHTE ALOE
Aloe vera

DIE WOHL BEKANNTESTE SUKKULENTE. Neben der heilenden Wirkung ihres Saftes gilt sie als unverwüstlicher Zimmerbewohner. Ich kann euch aber sagen, das stimmt nicht!

STANDORT: Reichlich Sonne ist wichtig und gewollt! Du hast einen Wintergarten? Perfekt!

CAREGUIDE: Wärme, wenig Wasser, viel Licht, Sommer auf dem Balkon und deine Aloe wird gedeihen. Sandiges Kakteen- und Sukkulentensubstrat verwenden, kühle Überwinterung für die Blüte sinnvoll, Düngergaben nur in der Vegetationsphase. Achtung, anfällig für Thripse.

PFENNIGBAUM
Crassula ovata

DAS AUCH GELDBAUM genannte Dickblattgewächs ist genügsam und ein echter Allrounder. Statement, Bonsai, Anfänger oder next level, wenn man ihn zum Blühen bringen will.

STANDORT: Sonnig, im Sommer gerne draußen. Winterruhe bei Temperaturen um die 12 °C.

CAREGUIDE: Im Winter ruhen lassen, während der Vegetationsphase mäßig gießen und düngen. Augen auf bei Wollläusen! Schnittmaßnahmen werden im Frühjahr verziehen und führen zu Verzweigung. Vermehrung über Spross- und Blattstecklinge sehr leicht.

ECHEVERIE
Echeveria

SCHÖNSTE TISCHDEKO FÜR MICH: ein paar *Echeveria* auf einem schicken Tablett und es braucht nichts außer ein paar Tropfen Wasser alle paar Wochen und eine ordentliche Portion Sonne!

STANDORT: Überall wo's kuschelig warm und sonnig ist, um Vergeilen zu vermeiden. Sommer darf gern draußen verbracht werden.

CAREGUIDE: Kakteenerde mit guter Drainage. Von unten gießen, um die Blattrosette vor Gammel zu schützen, im Winter Wassergaben nahezu einstellen. Winterruhe im Kühlen fördert die Blüte.

HAWORTHIE
Haworthia

IM ZEBRAKLEID kommt diese afrikanische Sukkulente häufig daher und könnte keinen schöneren Kontrast zu ihren Sukkulenten-Freunden bieten. Gerade im Ensemble ein absoluter Blickfang!

STANDORT: Hell und sonnig, aber bitte nicht mittags braten lassen. Steht sie zu dunkel, verliert sie ihre Musterung.

CAREGUIDE: Typischer Sukkulenten-Pflegeplan mit einem Schuss mehr Nährstoffe. Außerdem fühlt sich deine Haworthie in einem flachen Topf wohler als in einem tiefen. Vermehrung über Kriechsprosse.

DONKEYS TAIL
Sedum burrito

WUNDERSCHÖNE, HÄNGENDE SUKKULENTE, die *Sedum morganianum* seit ihrem Auftauchen Konkurrenz macht.

STANDORT: Sonnig, warm und hell. In der Winterruhe gern kühler, um die Blütenbildung anzuregen.

CAREGUIDE: Erst gießen, wenn die Blätter beginnen zu schrumpeln. Winterruhe gönnen, Kakteendünger in der Wachstumsphase sorgt für ordentlich Meter. Vermehrung über Blatt- und Kopfstecklinge.

ERBSENPFLANZE
Curio rowleyanus (Syn. *Senecio*)

DIE METERLANGEN TRIEBE, die wie Perlenketten aus dem Topf hängen, machen diese Sukkulente zu einer beliebten Zimmerpflanze. Ich persönlich bringe sie leider häufig fast um.

STANDORT: Viel Sonne, aber bitte nicht austrocknen lassen.

CAREGUIDE: Ein breiter, aber flacher Topf führt zu mehr Wurzeln, die Erbsenpflanze wächst nämlich eigentlich teppichartig. Tränken statt Gießen, wenn das Substrat fast ausgetrocknet ist. Vermehrung über Stecklinge.

KAKTEEN

Ganz lange habe ich Kakteen nicht verstanden, da bin ich ehrlich mit dir! Sie wuchsen mir zu langsam und piksen tun sie auch. Als ich aber zum ersten Mal meinen panaschierten Gymnokaktus zum Blühen gebracht habe (ohne großes Zutun sei hier gesagt), war ich angefixt.

Zudem sind meine Südfenster geradezu prädestiniert für Kakteen – alle meine anderen grünen Mitbewohner würden in der Sonne hier schlicht und ergreifend verbrennen. So habe ich also mit der Zeit begonnen, die Begebenheiten zu akzeptieren, wie sie sind und meine Pflanzen diesen anzupassen.

Auch in der Familie der *Cactaceae* (Kakteengewächse) gibt es viele Gattungen, die zwar fast alle ihre Stammsukkulenz gemeinsam haben, aber unterschiedlicher nicht sein könnten. Das bedeutet auch, dass man die Pflege von Kakteen nicht über einen Kamm scheren kann. Viele von ihnen kommen zwar aus trockenen und heißen Gegenden, es gibt aber auch epiphytische Kakteen, die im tropischen Regenwald zu Hause sind.

Staunässe jedenfalls mögen sie alle nicht, das ist gewiss. Trotzdem möchte ich dir hier ans Herz legen genau nachzuschauen, woher dein Kaktus kommt. Und wenn du das weißt, dann weißt du auch, welche Bedingungen er benötigt, um bei dir zu gedeihen und letztendlich zu blühen. Im Großen und Ganzen treffen die Regeln für Sukkulenten hier allerdings mit wenigen Ausnahmen ziemlich gut zu.

Deine Kakteen bevorzugen ein nährstoffarmes, mineralisches Substrat oder Kakteenerde und brauchen als Sonnenanbeter jede Menge Licht. Ein Südfenster, Wintergarten und der Sommer draußen an einem trockenen und windgeschützten Ort ist für deinen Kaktus the place to be.

Wässern solltest du wirklich sehr, sehr selten – ich lasse meine Kakteen komplett austrocknen, bevor ich gieße. Gedüngt wird mit speziellem Dünger in der Wachstumsperiode, im Winter gar nicht. Dann ist nämlich Ruhephase für alle Sukkulenten, zu denen Kakteen ja nun auch gehören.

Wie kalt es deine Kakteen mögen, hängt übrigens von der Gattung und Art ab. Es gibt sogar Kakteen, die frosthart sind!

Leider sind auch Kakteen nicht vor Schädlingen sicher, so treten gelegentlich Wollläuse, Thripse und Milben auf. Wichtig ist hier, dass viele Sukkulenten empfindlich auf Schädlingsmittel reagieren. Ein Einsatz von Nützlingen ist an dieser Stelle also am besten, um deine Wüstenbewohner nicht zu schädigen (Adressen siehe Seite 156).

Mammillaria hahniana – Musterkönigin!

Opuntia microdasys & großer Bruder *O. ficus-indica*

Astrophytum übersetzt sich zu Sternpflanze

Echinocereus rigidissimus ein Farbenwunder

MEINE LIEBLINGS-KAKTEEN-GATTUNGEN (BISHER …)

MAMMILLARIA

Eine der artenreichsten Gattungen in der Kakteenfamilie. Ihre Blüten erscheinen kranzförmig um den Spross herum, die Farben reichen von Weiß über Gelb/Crème bis hin zu Rosa und Pink – großartig! Ansonsten sind *Mammillaria* sehr pflegeleicht, zudem wird der Vermehrung über Samen eine hohe Erfolgsquote nachgesagt, ich hab es allerdings noch nicht probiert.

OPUNTIA

In der Gattung *Opuntia* findest du einige winterharte Kakteen, die selbst Schneefälle und Frost locker wegstecken. Die wohl bekannteste Art ist aber wahrscheinlich der Feigenkaktus *(O. ficus-indica)* – leckere Früchte inklusive! Den kleinen Vertreter *O. microdasys*, auch als Hasenohrkaktus bekannt, finde ich besonders entzückend. Auch dieser hält leichte Minusgrade locker aus und ist sehr pflegeleicht.

ASTROPHYTUM

Liebe ich! Die sternförmigen, teils Seeigelähnlichen Kakteen sind einfach ein Hingucker! Mit einem sehr sonnigen Standort und einer Winterruhe um die 10 °C, machst du dein *Astrophytum* glücklich und er schenkt dir wunderschöne Blüten. Rein mineralisches Substrat wird außerdem bevorzugt, und ausnahmsweise solltest du hier den Ballen nicht komplett durchtrocknen lassen. Die Pflege von *Astrophytum* ist also etwas anspruchsvoller und bedarf ein wenig Fingerspitzengefühl. Am besten übst du erstmal mit anderen Gattungen deinen stacheligen Daumen.

ECHINOCEREUS

Echinocereus bietet ebenfalls einige winterharte Arten, die meisten jedoch mögen es kuschelig warm. *Echinus* bedeutet übrigens Igel – eine Anspielung auf das Aussehen der Kakteen dieser Gattung. Klein, bedornt und rund. Wie ein Igel.
Ich habe dieses Jahr einen geschenkt bekommen und lerne seine Vorlieben gerade kennen. Ich behandle ihn wie meine anderen Kakteen und bisher gab's keine Beschwerden. Eine Blüte allerdings auch nicht.

LOPHOPHORA WILLIAMSII – PEYOTE KAKTUS

Der Peyote Kaktus ist nicht nur für seine außerordentlich hübsche Blüte bekannt, sondern auch für seine sowohl heilende als auch halluzinogene Wirkung. Dieser besondere Kaktus kann nach einer Gewöhnung vollsonnig stehen, verträgt aber auch einen teilsonnigen Platz und ist damit die beste Wahl für die zweite Reihe auf der südlichen Fensterbank. Bei warmen Temperaturen durchdringend gießen, aber zwischen den Wassergaben durchtrocknen lassen.

DIE UNBEKANN-TEN

Blüte und Blatt wechseln sich bei Amorphophallus ab.

Amorphophallus

WAHRSCHEINLICH KENNT JEDER den größten Vertreter dieser Pflanzengattung, die Titanenwurz. Fürs Zimmer eignen sich einige kleinere Gattungen, mit teilweise sehr hübschem Laub und hübscher Blüte. Mein Favorit ist *A. atroviridis*.

STANDORT: Hell, ohne direkte Sonne. Winterruhe im Dunklen ohne Substrat – Gammelgefahr!

CAREGUIDE: Je nach Herkunft werden unterschiedliches Substrat und Temperatur benötigt. Nur gießen, wenn die Knolle treibt.

Aristolochia leuconeura

WUNDERSCHÖNER RANKER, der aber mit Vorsicht zu genießen ist – leider. Sehr empfindlich im Versand.

STANDORT: Hell, aber ohne direkte Sonne, gute Belüftung ist ein Muss.

CAREGUIDE: Nicht austrocknen lassen, aber nicht zu feucht halten. Augen auf bei Spinnmilben. Ein Rückschnitt kann neues Wachstum bringen (nicht ins alte Holz schneiden!), sehr schwer zu vermehren.

Cercestis mirabilis

EINE DER SCHÖNSTEN Blattzeichnungen für mich! Und eine genügsame Pflanze oben drauf.

STANDORT: Absonnig bis halbschattig.

CAREGUIDE: *C. mirabilis* ist durstig. Selbstbewässerung und regelmäßige Düngergaben schaffen Abhilfe und sorgen für ordentlich Wachstum. Leider auch anfällig für Thripse.

SPIRALINGWER

COSTUS ARABICUS 'VARIEGATA'

QUICK CARE

Anfängerpflanze
Durstig! Schön feucht halten!
Humusreiches Substrat
Halbschattig stellen
Nicht drehen
Rückschnitt ohne Probleme
Vermehrung über Stecklinge oder Rhizomteilung

Costus arabicus kommt in Wellen. Manchmal sieht man ihn überall, dann ist er kaum verfügbar und man sieht ihn ganz lange gar nicht. Für mich ist er aber eine der schönsten Pflanzen überhaupt! Die spiralförmig wachsenden Sprossen sind so besonders – ein richtiger Hingucker. Von der Panaschierung ganz zu schweigen: so individuell!

Lass dich übrigens nicht vom Namen täuschen. *C. arabicus* gehört zwar zur Ordnung der Ingwerartigen, das Rhizom ist aber, im Gegensatz zum richtigen Ingwer, nicht essbar.

Das Tollste an Spiralingwer: Er ist sehr unkompliziert. Diese Pflanze kannst du getrost mal vergessen, sie nimmt es dir nicht übel. Dennoch gefällt es ihr besser, wenn du das Substrat nicht austrocknen lässt und sie gut feucht hältst. Sie ist durstig. Solltest du allerdings mal vergessen haben zu gießen, erholt sie sich schnell.

Sollten einzelne Triebe vergrünen oder komplett weiß werden, kannst du *C. arabicus* 'Variegata' ohne Probleme zurückschneiden. Er treibt dann an anderer Stelle wieder neu aus und bringt die tolle Panaschierung zurück.

Ansonsten ist dieser grün-weiße Mitbewohner einfach in der Haltung und super geeignet für Anfänger. Er gedeiht an einem absonnigen bis halbschattigen Standort am besten. Direkte Sonne wird nicht vertragen. Zu oft drehen solltest du ihn auch nicht, damit die Triebe schön spiralförmig weiterwachsen.

Fun Fact. Nur die Harten kommen in den Garten! *C.arabicus* 'Variegata' kann ordentlich einstecken und verträgt sogar leichten Frost für kurze Zeit (ich hab's getestet!). Wenn du also einen Platz hast, der zu kalt und zu dunkel für deine anderen Zimmerpflanzen ist, hast du deine perfekte Pflanze genau dafür jetzt gefunden.

CYANASTRUM CORDIFOLIUM

QUICK CARE

Absonniger Standort
Feucht halten
Mäßige Düngung
Keine besonderen Ansprüche ans Substrat
Schädlingsresistent
Vermehrung durch Teilung

Meine Neuentdeckung der letzten Jahre! Wie sehr ich diese Pflanze liebe! Ich habe sie tatsächlich nur „dazu" gekauft, um einen Mindestbestellwert zu erreichen und könnte nicht glücklicher darüber sein.

Die herzförmigen Blätter sind ein absoluter Traum und bei guter Pflege wirst du zusätzlich mit violetten Blüten belohnt. Wunderschön! Die Blüten erscheinen kurz über dem Substrat und blühen nur für einen Tag. Also Augen offen halten, damit du dieses Ereignis nicht verpasst.

Am herausragendsten finde ich aber den sehr buschigen und kompakten Wuchs. Viele meiner Pflanzen sind mit dem Alter so ausladend und riesig, dass das eine sehr willkommene Abwechslung ist. Sie nimmt so kaum Platz weg und das selbst im Alter.

Cyanastrum cordifolium ist überaus genügsam und einfach in der Haltung. Sie gedeiht am besten im absonnigen bis halbschattigen Bereich, ein Nordfenster zum Beispiel eignet sich perfekt.

Gemäßigte Düngergaben während der Vegetationszeit freut dein *Cyanastrum*. Und solange du es weder ertränkst noch verdursten lässt, wird es dir kontinuierlich – rund ums Jahr! – Blüten und Blätter schenken.

Fun Fact. *Cordifolium* ist übrigens eine Anspielung auf die herzförmigen Blätter dieser Pflanze. In einigen Ländern wird C. *cordifolium* aufgrund ihrer Ähnlichkeit zur Gartenfunkie auch „Indoor-Hosta" genannt. Bei uns ist sie aber leider nicht allzu häufig zu sehen – noch nicht!

Hapaline appendiculata

EINE INDONESISCHE SCHÖNHEIT, die im Herbst und Winter vor ein paar Jahren hier und da verfügbar war, seither aber gar nicht mehr. Und das kann ich verstehen! Wer eine Herausforderung sucht: hier bitte. *Hapaline* ist für mich eine der schwierigsten Pflanzen in meiner ganzen Plantmom-Karriere. Ich habe mittlerweile 100 Standorte und Substratmischungen sowie Pflegepläne durchexerziert. Was kann ich dir also zu dieser komplizierten Schönheit mit auf den Weg geben? Nicht aufgeben!

STANDORT: Zu viel Sonne führt zu übermäßiger Blütenbildung; absonniger beziehungsweise halbschattiger Standort wirkt sich positiv auf das Blattwachstum aus.

CAREGUIDE: Nicht austrocknen lassen! Deine *Hapaline* muss immer dezent feucht gehalten werden, die Blätter machen sonst direkt schlapp und stellen sich nur selten wieder auf.

ES KANN SEIN, dass deine *Hapaline* in die Winterruhe geht. Solltest du also bemerken, dass sie nicht wächst oder die Blätter ohne Grund welken, verringere deine Wassergaben und gib ihr Zeit bis zum nächsten Frühjahr. Humusreiches, aber durchlässiges Substrat ist dein und *Hapalines* Freund! Ansonsten heißt es: durchhalten! Es dauert, aber es wird!

Remusatia vivipara

HABE ICH TATSÄCHLICH NOCH NIE in einem Shop gesehen. Ich habe meine aus Samen gezogen – übrigens auch, weil ich auf eine Bestellmenge kommen musste. Manchmal meint es der Zufall gut mit Pflanzeneltern! *Remusatia vivipara* wird im Volksmund „Hitchhikers Plant" (Anhalter Pflanze) genannt, weil ihre Bulbillen an Tieren oder Kleidung hängen bleiben und sie sich so verbreitet und vermehrt. Eben per Anhalter.

STANDORT: Absonnig bis halbschattig! Direkte Sonne führt leicht zu Verbrennungen.

CAREGUIDE: Erinnert an eine *Alocasia*, ist mit ihr verwandt und auch ähnlich in der Pflege. Eine Winterruhe wird meistens gehalten. Viele nehmen die Knollen aus der Erde, ich lasse sie aber einfach im Topf in einer Kiste relativ trockenstehen. Im Sommer düngen und gerne an ein schattiges Plätzchen im Garten bringen. Sehr durchlässiges, aber dennoch humoses und grobes Substrat wie für andere Epiphyten ist ideal, deine *Remusatia* wird dich dafür mit tollen, großen Blättern belohnen. Da sie gerne als Aufsitzer wächst, ist sie perfekt für deine Terrariumwand!

BLÜTEN-PFLANZEN

Jetzt haben wir so viel über tolle Blätter geredet – es wird Zeit für etwas Farbe!

Pflanzen, die nur mit ihren Blüten ins Rampenlicht rutschen, stehen häufig hinten an bei Pflanzenliebhabern. Da ich aber bereits im Teenageralter Orchideen gesammelt habe, hatten eben diese immer einen besonderen Platz in meinem grünen Herzen. Gerade beim Besuch botanischer Gärten ziehen mich Gewächshäuser mit Orchideen magisch an!

Aber auch andere Pflanzen haben reizende Blüten im Gepäck. Das Spektrum von Farben und Formen ist schier unendlich, und allein diese Tatsache fasziniert mich ungemein.

Wo im Garten eine tolle Blüte mit einer bestimmten Farbe meistens das Auswahlkriterium Nummer 1 ist, fallen die unscheinbaren Blätter der meisten Blühpflanzen unter den Zimmerdschungelbewohnern einfach hinten runter. Haben teilweise sogar ein altbackenes und trutschiges Image. Ein bisschen Abwechslung und Skurrilität tut dem Auge aber gut! Und deshalb sollen nicht nur prächtige Blätter einen Platz in diesem Buch finden, sondern ebenso bezaubernde Blüten. Vor allem, weil sie sich oftmals nur zeigen, wenn man den Dreh raus hat und somit ein seltenes Gastspiel sind. Und wer mich kennt, weiß: Ich liebe Herausforderungen!

Eine Pflanze zum Blühen zu bringen, ist unter Umständen schwierig. Die Belohnung, wenn du es dann doch geschafft hast, aber ohnegleichen. Bei vielen Zimmerpflanzen sind die Blüten unspektakulär oder sogar ungewollt und lästig, weil sie die Pflanze unnötig Kraft kosten (liebe Grüße an meine Alokasien und Anthurien an dieser Stelle!). Daneben gibt es Zimmerpflanzen, die zwar wundervolle Blätter haben, deren jahrelange Kultivierung allerdings nur drauf abzielt, endlich mal eine Blüte zu Gesicht zu bekommen. Also Vorhang auf für die Nebendarsteller im Urban Jungle, ohne die es eigentlich nur halb so schön wäre.

WACHSBLUME, PORZELLANBLUME
HOYA CARNOSA

QUICK CARE

Anfängertauglich hoch drei!
Zwischen den Wassergaben durchtrocknen lassen
Mineralisches Substrat funktioniert super. Alternativ ein lockerer, nährstoffärmerer Mix
Kühle Überwinterung fördert Blütenbildung
Umtopfen nur bei Bedarf
Wenig düngen, oder mit speziellem *Hoya*-Dünger
Vermehrung durch Stecklinge (sehr einfach!)

Sunstress bei Wachsblumen – eine Reaktion auf zu viel Licht führt zu rosafarbenen Blättern und ist nicht immer schlecht, sondern durchaus hübsch anzusehen, wenn in Maßen!

Ich habe mich bereits auf meinem Kanal dazu bekannt: Das *Hoya*-Fieber hat mich gepackt! Eines Morgens betrat ich das Wohnzimmer und nahm einen süßlichen Geruch wahr. Immer der Nase nach, entdeckte ich in der letzten Ecke des Fensterbrettes eine Blüte an meiner Wachsblume. Deren filigrane Schönheit faszinierte mich so sehr, dass ich direkt ins „Hoya-Rabbithole“ sprang und bis heute darin verweile.

Hoya carnosa 'Krimson Queen' war die Erste in meiner Sammlung – heute sind es einige mehr und ein Ende ist nicht in Sicht. Sie zeigt sich als pflegeleicht, schädlingsresistent und nicht nachtragend. Außerdem ist sie, im Gegensatz zu vielen anderen, verfügbar!

Ich gieße, wenn das Substrat durchgetrocknet ist – nicht vorher. Ein Drucktest am leicht sukkulenten Laub zeigt dir, ob deine *Hoya* durstig ist. Die Blätter werden dann etwas schlaffer und fühlen sich papierähnlich an.

Als Standort hat sich ein helles bis halbschattiges Plätzchen ohne zu viel Sonne bewährt. Morgen- oder Abendsonne wird aber genossen. Im Sommer kommen meine Hoyas übrigens ins Gewächshaus oder auf die Terrasse in den Halbschatten. Innerhalb kürzester Zeit sieht man einen massiven Wachstumsschub – wenn du also die Möglichkeit hast, deine Porzellanblume draußen zu übersommern, tu es!

Bildet deine *Hoya* einen Blütenstand: Bravo, du hast es geschafft! Ab jetzt solltest du sie nicht mehr bewegen oder drehen, bis alle winzigen Blüten an der Dolde aufgegangen sind. Oft bilden sich an den sternförmigen Blüten auch kleine, klebrigen Nektartröpfchen, die sogar süß schmecken.

Kletternd oder hängend kultiviert, *Hoya carnosa* wird in jeglicher Form und Sorte eine fabelhafte Figur machen und dir viel Freude bereiten!

MEINE MUST-HAVE-HOYAS

Die Pflege der unterschiedlichen *Hoya*-Arten solltest du grundsätzlich immer recherchieren, denn auch, wenn sie sich im Großteil ähnelt, gibt es doch hier und da Unterschiede, die dir die Pflege erleichtern werden. Aufgrund der großen Vielfalt ist es hier schwer, mich für ein paar Lieblinge zu entscheiden – die Liste ist nämlich sehr, sehr lang, und falls du dem *Hoya*-Fever auch verfällst, wirst du sehr bald wissen, wovon ich rede ... Unicorn-Alert und Sammelwahn garantiert!

HOYA HEUSCHKELIANA 'VARIEGATA'

Eine hinreißende, panaschierte Variante (Bild oben links), die ich schon sehr lange besitze. Ihre winzigen, rosa Blüten haben sich bei mir erst nach ein paar Jahren gezeigt und erinnern an kleine pinke Beeren. Auch diese *Hoya* wird durch einen leichten Sonnenstress noch beeindruckender und bekommt einen bildhübschen rosa Schleier auf den gestressten Blättern. Zum Dahinschmelzen!

HOYA CORIACEA (SILVER)

Da sind sie wieder – die silbernen Blätter. Sie haben es mir einfach angetan (Bild oben rechts). Und vielleicht hast du auch bereits gemerkt, dass es zu fast jeder „normalen" *Hoya*-Art auch eine dunkle, silberne oder gefleckte Form gibt, die dementsprechend seltener ist. Auch unter den Hoyas gibt es nämlich echte Einhörner! Diese hier ist mein persönliches: *Hoya coriacea (Silver)*. Sie sollte niemals komplett austrocknen und wächst bei mir zuverlässig nur in sehr nährstoffarmem, mineralischem Substrat. Viel Licht und ein wenig direkte Sonne führen zu fantastischen, großen Blättern. Ich bin Fan!

HOYA BELLA

Eine blühfreudige Variante (Bild unten links)! Im Sommer verwandelt sich mein Exemplar in ein wahres Blütenmeer und wird erst mit sinkenden Temperaturen im Herbst wieder faul. *Hoya bella* ist wuchsfreudig und mit ihrem dunklen, filigranen Laub eine strukturstarke Pflanze, die alle Blicke auf sich zieht – obwohl sie eigentlich gar nicht so selten und besonders ist. Genau das liebe ich!

HOYA NICHOLSONIAE 'NEW GUINEA GHOST'

Die wunderschönen silbernen Blätter, vor allem mit einem leichten rosa Touch von Sonnenstress, sind zum Niederknien (Bild unten rechts)! Absolut anfängertauglich und wüchsig, sorgt sie mit ihrem dunklen Laub zwischen anderen Pflanzen für eine aufregende Abwechslung. Ihre hellgelben Blüten sind ein bezaubernder Kontrast zum silbrigen Laub, welches aber, selbst beim Ausbleiben dieser, nicht weniger bemerkenswert ist. Ein Liebling meinerseits!

SCHMETTERLINGSORCHIDEE

PHALAENOPSIS

QUICK CARE

- Keine direkte Sonne
- Staunässe vermeiden
- Nährstoffarmes, durchlässiges Substrat
- Nur trockene Pflanzenteile entfernen
- Anfällig für Woll- und Blattläuse
- Vermehrung durch Kindel

Die beliebteste und am häufigsten verkaufte Orchideenart. Leider. Vielleicht kennst du die Gewissensbisse, wenn an der Supermarktkasse traurige, halb vertrocknete Exemplare langsam vor sich hinsterben, weil sie nicht gekauft werden, wenn sie nicht mehr blühen. Und das passiert täglich, überall auf der ganzen Welt.

Natürlich sind sie am schönsten, wenn sie blühen. Gärtnern hat aber viel mit Geduld zu tun und auch damit, den Lauf der Natur zu akzeptieren. Pflanzen brauchen auch eine Blühpause. Und sollte dein Nachbar wieder eine abgeblühte *Phalaenopsis* vor die Tür stellen, zum Erfrieren, gib dir 'nen Ruck und rette sie. Sie wird dir wieder Blüten schenken – es dauert nur ein wenig.

Am liebsten hat deine Nachtfalterorchidee eine kuschelige Umgebung mit hoher Luftfeuchtigkeit und nächtlichem Temperaturabfall. Heizungs- oder Zugluft führt zu Zickereien und Schädlingen, auch Mittagssonne wird oft nicht vertragen.

Eigentlich wächst *Phalaenopsis* epiphytisch! Als Substrat eignet sich deshalb sehr durchlässige, torffreie Orchideenerde, damit Staunässe vermieden wird. Ein spezieller Orchideentopf hilft zusätzlich gegen nasse Füße.

Ich gieße am liebsten gar nicht, sondern tauche. Sobald das Substrat trocken ist, kommen alle Orchideen zusammen mit den Tillandsien für eine halbe Stunde in kalkarmes, zimmerwarmes Wasser. Danach abtropfen lassen und jedes zweite Mal eine Portion Orchideendünger dazu.

Nach der Blüte kannst du den Blütenstängel, sofern er komplett eingetrocknet ist, zurückschneiden. Vorher nicht! Denn nur, weil gerade keine Blüte angelegt ist, heißt es nicht, dass nicht noch eine in der „Warteschleife hängt".

Wie Elfen: *Oncidium* Tiny Twinkle's Blüten

Bulbophyllum Elizabeth Ann 'Buckleberry'

Cymbidium zum Blühen überreden – eine Kunst!

Lange Blütezeit gibt dir *Paphiopedilum*

BULBOPHYLLUM, ONCIDIUM & CO.

Bei rund 30.000 Orchideenarten auf diesem Planeten dürfte wirklich für jeden etwas dabei sein – für jeden Standort, jedes Grüne-Daumen-Level und Geschmack. Die Vielfalt ist schier unendlich und die Fülle an Farben, Formen und Gerüchen der Blüten so bizarr und vielseitig, dass eine Entscheidung mehr als schwerfällt. Auch meine Orchideen-Wishlist wächst beständig, und es gibt wirklich kaum etwas Schöneres, als sich zur Orchideenblüte in Schaugewächshäusern von der Schönheit aller Gattungen verzaubern zu lassen.

ONCIDIUM

Ganz wenig düngen und gut durchtrocknen lassen ist hier angesagt. Die meisten *Oncidium*-Arten leben nämlich ausschließlich epiphytisch und wollen dementsprechend behandelt werden. Ansonsten gibt es hier nur wundervolle lange Rispen voller Blüten zu bestaunen. Ich liebe vor allem die Vertreter mit winzigen Blüten in hellem Crème und Rosa. Sie sehen aus wie kleine Feen! Achtung: *Oncidium* braucht viel Licht, im Gegensatz zu anderen Orchideen-Schwestern!

BULBOPHYLLUM

Meine Achillessehne. Die meisten Orchideen, die mir auf Anhieb zusagen, gehören dieser Gattung an. Durch ihre kriechende Wuchsform sind sie hervorragend zum Aufbinden geeignet. Ich kultiviere einen Großteil meiner Exemplare aber in Ampeln. Der Sommer darf gerne draußen im Schatten verbracht werden – *Bulbophyllum* liebt die kühlen Sommernächte hier.

PAPHIOPEDILUM

Die meisten *Paphiopedilum* wachsen terrestrisch und lithophytisch, also auf der Erde oder auf Steinen, und sollten deshalb im Topf gehalten werden. Gleichmäßig feuchtes Substrat sorgt für aktives Wachstum und eine langanhaltende Blüte. Es gibt große Unterschiede an die Temperaturansprüche innerhalb der Gattung, recherchiere also fleißig. Übrigens, die schuhförmige Lippe und Ursprung für die Namensgebung, dient als Insektenfalle. Achtung: *Paphiopedilum* wird im deutschen Sprachgebrauch auch häufig Frauenschuh genannt, hat aber nichts mit dem „tatsächlichen" Frauenschuh *Cypripedium* zu tun. Wieder ein Grund mehr, dir anzugewöhnen, die botanische Bezeichnung zu lernen und zu benutzen.

CYMBIDIUM

Die Königsklasse! Du bist geübt mit Orchideen? Hast einen kühlen Wintergarten und vor allem Platz und viel Licht? Dann versuch es mal hiermit. So beeindruckend die *Cymbidium*-Hybriden sein mögen, sie zum Blühen zu bringen ist eine Challenge und die besonderen Ansprüche an die Umgebung nicht leicht zu rekonstruieren. Ihre Schönheit sucht allerdings ihresgleichen. Viel Glück!

EINBLATT, FRIEDENSLILIE

SPATHIPHYLLUM

QUICK CARE

Steht gerne feucht, super für Hydrokultur geeignet
Spätestens gießen, wenn das Laub leicht hängt
Schattiger bis absonniger Standort
Substrat mit hohem Humusanteil
Vermehrung durch Teilen

Es hat lange gedauert, bis wir zueinandergefunden haben, aber dafür ist die Liebe nun größer denn je. Wie wir uns nähergekommen sind? Ich habe eine Pflanze für mein Badezimmerfenster gesucht! Anforderungen: 1. muss im Winter bei Fenster auf Kipp durchhalten, sprich, nicht direkt einen Kälteschaden davontragen, wenn's frisch wird. 2. soll kompakt und nicht zu schnell wachsen für die kleine Fensterbank. 3. darf nicht direkt sterben, wenn ich mal vergesse zu gießen, beziehungsweise, muss sich bei Durst bemerkbar machen. 4. muss mit wenig Licht klarkommen, weil Nord-West-Ausrichtung. Da hat die Friedenslilie alle Boxen direkt getickt.

Spathiphyllum ist natürlich ein richtiger Zimmerpflanzen-Klassiker und oft anzutreffen. Aber in der Blütezeit bilden die weißen Hochblätter einen so großartigen Kontrast zum dunkelgrünen Laub, dass die lateinamerikanische Schönheit wirklich alle Blicke auf sich zieht.

Im Haus und bei entsprechenden Temperaturen blüht das Aronstabgewächs durchaus den ganzen Winter kontinuierlich, und nicht, wie in der Natur, nur im Spätsommer. Ein weiterer Pluspunkt!

Die weißen Hochblätter sind nicht die Blüten. Die Echten sind die kleinen, gelblichen Kolben in der Mitte, die von der Spatha, einer besonderen Form des Hochblatts, umhüllt werden – wie ein zarter Umhang. Gelegentlich lässt sich sogar ein süßlicher, fast vanilleähnlicher Geruch wahrnehmen. Hach!

Brauchst du noch mehr Gründe, um endlich eine eigene Friedenslilie haben zu wollen? Dann hier noch das K.O.-Kriterium: absolut schädlingsresistent und filtert Schadstoffe aus der Luft.

RUBRIK GRÜNLILIE – WAS ES SONST NOCH GIBT

Es gibt Pflanzen, „die kann ich einfach nicht". Wer meinen Kanal kennt, weiß um meine *Ficus*-Odyssee oder die Grünlilien-Chroniken. Für andere wiederum habe ich meine Leidenschaft verloren oder suche sie noch. Und auch das ist okay. Man muss nicht alle Pflanzen lieben und man muss auch nicht alle Pflanzen am Leben halten können. Außerdem hat nicht jeder die richtigen Konditionen oder den Platz für bestimmte Gattungen. Ich habe deshalb die strikte Regel: wenn es drei Mal nicht klappt, dann war's das. In der nächsten Wohnung starte ich dann vielleicht einen erneuten Versuch. Bis dahin bleibt hier die Kategorie Grünlilie mit allen Vertretern, die genannt werden sollten, weil auch sie ihre Daseinsberechtigung haben.

Grünlilie *Chlorophytum comosum*	Wird gerne als einfachste Zimmerpflanze betitelt, aber tut mir leid ... ich habe schon einige auf dem Gewissen und nun reicht's einfach mal.
Wunderstrauch *Codiaeum variegatum*	Liebe ich in seiner natürlichen Umgebung! Ansonsten erinnert er mich an dunkle Fensterbretter mit staubigen Gardinen.
Drachenbaum *Dracaena marginata* & Freunde	DIE Wartezimmerpflanze. In der Natur: nehm ich. Zu Hause gefällt sie mir einfach nicht.
Gummibaum *Ficus elastica*	Ich hab's aufgegeben. Überall gedeihen sie, selbst in jahrhunderte alter Erde und ohne Pflege. Wieso dort und nicht hier? Ich weiß es nicht.
Flammendes Kätchen *Kalanchoe blossfeldiana*	Kennt ihr dieses Meme, wo der Typ die Nase rümpft und sagt: „Mmmh, weiß ich nicht, Digga." Genau das passiert bei mir hier.
Mimose *Mimosa pudica*	Während sie auf Bali im Geröll wächst wie Unkraut, muss ich sie hier nur schief angucken, damit sie stirbt. Wir werden leider keine Freunde.
Schwertfarn *Nephrolepis*	Geht nur im Terrarium. Ich beneide alle Riesenfarne in den ganzen Badezimmern auf Instagram. Bei mir rieselt es nur tote Blätter.
Usambaraveilchen *Saintpaulia ionantha*	Erinnert mich immer ans Küchenfenster meiner Oma und irgendwie auch an Plastikblumen, deswegen sind wir bisher nie richtig warm geworden. Vielleicht kommt das ja noch. Fun Fact: kommt aus den Usambara-Bergen in Tansania!
Strahlenaralie *Schefflera*	Mein Riesenexemplar verschenkte ich, um anderen Pflanzen Platz zu machen. In einem besonderen Topf, in großen Räumen und als Hochstamm ein toller Hingucker!
Paradiesvogelblume *Strelitzia*	Eine wundervolle Pflanze! Bei mir leider Dauer-Thripseopfer und unhappy mit jeglichem Standort innerhalb der Wohnung.

Strelitzia nicolai – die Paradiesvogelblume

Nestfarn, ein Klassiker mit Macken

Die klassische Grünlilie ist bei mir leider dem Tode geweiht.

BEZUGSQUELLEN

PLANT SHOPS

Ostmann Stuhr/Oldenburg
www.blumen-ostmann.de

Harmony Plants
www.harmony-plants.com

Variegata, Aroids & Co
www.variegata.de

Jungle Leaves
www.jungle-leaves.de

havengrün
www.havengruen.de

We Love Aroids
we-love-aroids.com

Hoya Passion
hoyapassion.com

PLNTS
plnts.com

Orchideen Zentrum Wichmann
www.orchideen-wichmann.de

Kakteen Haage
www.kakteen-haage.de

Bodenständig
www.bodenstaendig.shop

LetsGrow biogarden
www.letsgrowbio.de

Okatsune Europe
www.okatsune-europe.com

elho
www.elho.com

Soil Ninja Europe
eu.soil.ninja

NÜTZLINGE, HARDWARE & CO.

GrünTeam Garten-Shop
www.gruenteam-versand.de

Neudorff
www.neudorff.de

Plantura
shop.plantura.garden

Manufactum
www.manufactum.de

INSTAGRAM SELLER

@moesgreen

@miss_araceae

@planteria__

PFLANZENMESSEN

MyBotanika
mybotanika.de

IPM Essen
www.ipm-essen.de

REGISTER

Fette Seitenzahlen verweisen auf Abbildungen.

BILDNACHWEIS

161 Farbfotos wurden von Antonia Hartwich für dieses Buch aufgenommen.

IMPRESSUM

Umschlaggestaltung von Claudia Eder – Konzept und Gestaltung – unter Verwendung von 2 Farbfotos von Antonia Hartwich.

Mit 163 Farbfotos.

Alle Angaben in diesem Buch sind sorgfältig geprüft und geben den neuesten Wissensstand bei der Veröffentlichung wieder. Da sich das Wissen aber laufend in rascher Folge weiterentwickelt und vergrößert, muss jeder Anwender prüfen, ob die Angaben nicht durch neuere Erkenntnisse überholt sind. Dazu muss er zum Beispiel Beipackzettel zu Dünge-, Pflanzenschutz- bzw. Pflanzenpflegemitteln lesen und genau befolgen sowie Gebrauchsanweisungen und Gesetze beachten.
Die Blütenfarben sind sortenabhängig, daher können auch Farben auf dem Markt sein, die im Buch nicht genannt werden. Die Blütezeiten sind ebenfalls sortenabhängig, aber auch klima- und standortabhängig. Die angegebenen Wuchshöhen und -breiten der Pflanzen sind Mittelwerte. Sie können je nach Nährstoffgehalt des Bodens variieren. Verschiedene Sorten können deutlich größer oder auch kleiner wachsen als die Art.

Unser gesamtes Programm finden Sie unter **kosmos.de**.
Über Neuigkeiten informieren Sie regelmäßig unsere Newsletter, einfach anmelden unter **kosmos.de/newsletter**

Gedruckt auf umweltfreundlichem Papier, klimaneutral hergestellt.

Gedruckt nach der Richtlinie „Druckerzeugnisse" des Österreichischen Umweltzeichens, gugler* print, Melk, UWZ-Nr. 609, www.gugler.at

ISBN 978-3-440-17953-6
Projektleitung: Birgit Grimm
Redaktion: Birgit Grimm
Gestaltungskonzept: Claudia Eder – Konzept und Gestaltung –, Pocking
Gestaltung und Satz: Katrin Kleinschrot
Produktion: Klaus Jost
Druck und Bindung: Gugler GmbH, A-Melk / Donau
Printed in Austria / Imprimé en Autriche

TONI

Pflanzenmutti und Landschaftsgärtnerin, Pflanzenenthusiastin, Vollzeitästhetin, Hobbyfotografin/-videografin und Naturliebhaberin. Alles vereint im Instagram-Kanal @tonidendron. Jede freie Minute wird mit Zimmerpflanzen oder im Garten verbracht oder in botanischen Gärten dieser Welt. Hobbygärtner-Familie: das Saatkorn für die Liebe zu Pflanzen wurde also in die Wiege gelegt!

Stetig auf der Suche nach neuen Gattungen und neuen grünen Herausforderungen. Meine Kollegen nennen mich "das Pflanzenlexikon auf zwei Beinen".

DANKE AN

Mitch, den @tonidendron Fans als Muffi bekannt. Eigentlich Strukturmechaniker, aber Vollzeit-Pflanzenpapa. Macht Pflanzenträume wahr: baut alles, was ich so brauche! Halterungen für Terrarien, lötet Kabel – vom Gewächshaus bis zum Hochbeet. Ohne Muffi geht nix! Er hält Pflanzen für Fotos und das Licht, drückt mal den Auslöser oder hält die Kamera drauf. Er ist der größte Unterstützer meines Kanals und meiner Leidenschaft. Hatte er vorher gar nichts mit Pflanzen am Hut, kennt er jetzt den Großteil meiner Sammlung – mit botanischen Namen!

Sowie Rainer Ostmann, für die Erlaubnis, Fotos von seinen Pflanzen in der Filiale Stuhr zu machen.